글로벌

경영시대의

갈등관리전략

글로벌

경영시대의

갈등관리전략

김성수

KSi 한국학술정보(주)

목 차

제1장 | 서 론

제2장 | 이론적 고찰

제 3 장 | 연구의 개념적 모형과 가설의 설정

제 4 장 | 실증적 조사연구의 분석 및 결과해석

제 5 장 ｜ 결 론

제1장
서 론

제1절 연구의 배경 및 목적

1. 연구의 배경

갈등(conflict)은 인간생활에서 필연적일 수밖에 없다. 왜냐하면 인간은 사회적 존재(social existence)인 까닭이다. 다시 말해 사람은 신이나 짐승처럼 단독으로 사는 존재가 아니라, 반드시 타인과의 관계 속에서 존재하는 인간이기 때문이다. 따라서 사람이 사는 곳이라면 언제, 어디서나 그 정도나 유형에 차이는 있을지언정 갈등이 있게 마련이다. 그렇기 때문에 갈등을 "인간관계의 기본유형 혹은 인간생활의 기본법칙"으로 인식하고 있는 것이다.

이러한 갈등에 대한 조직론적 관점은 크게 세 가지로 분류된다. 첫째는 1930년대와 1940년대에 보편적이었던 고전적 조직이론과 초기 인간관계론적 접근방법에 입각하고 있는 전통적 갈등관(traditional view of conflict)으로서, 갈등은 불필요한 것이며 해로운 것으로 폭력, 파괴, 비합리성 등과 같은 개념으로 파악한다.[1] 둘째는 1940년대 후반부터 1970년대 중반까지의 행태론적 갈등관으로서 갈등이 가끔 문제해결에 유용한 순기능을 발휘한다고 생각되므로 때에 따라서는 이를 수용하는 입장[2]으로 전환하였다.

셋째는 1970년대 후반부터 출현한 상호작용적 갈등관으로서 갈등은 조직 내에서 피할 수 없는 것이며, 때로는 조직관리에 필요한 것으로 보고 있다. 이는 갈등의 두 가지 기능을 인정하는 것으로 한편으로는 조직을 활성화시키며 효과적으로 목표달성을 가능케 하고 조직의 혁신과 변화의 수단이 되며, 다른 한편으로는 조직구성원 개인이나 조직목표달성에 방해가 된다고 보는 견해이다. 그러므로 조직의 관리자는 모든 갈등을 억제하거나 제거해서는 안 되며, 그 해로운 점을 최소한으로 줄이고 이로운 점을 최대한으로 신장시켜 주어야 한다고 보는 견해이다.[3]

미국 경영학회의 연구에 의하면 경영자 업무의 약 20%가 갈등관리와 관련이 있다고 하였다.[4] 이렇듯 경영자 업무의 큰 비중을 차지하는 갈등문제가 지금까지 소홀히 다루어졌던 점은 우리나라 기업경영의 역사가 짧다는 사실과도 무관치 않다. 이제 기업의 구성원들이 단순히 일자리를 얻었다고 만족하던 시대는 지났고, 잔업과 특근을 요구하며 더 일하고자 하던 시대도 지나갔다. 오히려 더 많은 개인

---

1) Stephen P. Robbins(1983), *Organizational Behavior,* 2nd ed(Englewood Cliffs, N.J: Prentice-Hall, Inc,), p.337.
2) Stephen P. Robbins(1983), *Organization Theory: The Structure and Design of Organization*(Englewood Cliffs, N. J: Prentice-Hall, Inc,), p.290.
3) 박연호(2000)「조직 행정론」(서울: 박영사), p.315.
4) K. W. Thomas and W. H. Schmidt(1976) "*A Survey of Managerial Interest Journal,*" pp.315-318.

적 여가시간을 요구하며 보다 안전하고 보람 있는 일만을 하려고 하는 시대에 들어서고 있는 것이다.

그리하여 조직의 구성원들은 더욱 다양한 요구를 하고 있고 이러한 요구를 충족시켜 주지 못하는 기업에서는 필연적으로 역기능적인 갈등이 표출되어 기업발전은 정체되고, 경영자는 심각한 고뇌에 빠지게 되는 것이다. 이러한 현상은 소위 개혁과 민주화라는 정치적 현상에 편승하여 더욱 가속화되어 가고 있다.

특히 집단 간의 갈등은 최근의 이론경향인 상호작용주의적 견해와 같이 집단의 문제해결 능력 개발관점에서 기능적인 면도 있으나, 많은 경우에 집단구성원의 성장과 조직체 성과에 좋지 않은 결과를 가져온다. 그리고 다변화 환경하의 현대조직에서는 집단의 다양화와 집단행동의 분화로 말미암아 집단 간의 갈등이 점차 심화되고 있으므로 집단 간의 효율적인 갈등관리가 중요한 과제로 부각되고 있다. 그러므로 이제 조직구성원들에게 금전적 보상만 충분히 제공하면 모든 문제가 해결될 것이라는 경영자나 소유자의 의식이 근본적으로 변화되어야 할 때이다. 그렇게 하기 위해서 경영자는 종업원들이 무엇 때문에 불만족하고 고민하며, 또 갈등과 스트레스를 겪고 있는가를 파악해야 할 것이다. 따라서 본 연구에서는 이러한 시대적 요청에 부응하여 기업의 인적자원을 효율적으로 관리하기 위한 방편으로 갈등관리 차원의 기초 자료를 제공하기 위해서 본 연구를 하게 되었다.

2. 문제제기와 연구의 목적

사회조직이나 제도 등은 개인 상호 간의 심리적·사회적 관계로 이해된다. 사회조직은 개인의 의식 및 가치체계와 관련되어 그 사람의 욕구를 충족시켜 주리라 기대되기 때문이다. 따라서 조직에 참가하는 인간의 행동은 의식적이든, 무의식적이든 목표 지향적이다.[5] 이러한 개인적인 목표가 심리적 실패감 및 갈등을 느끼게 될 것이다.

인간이 모여 사는 조직 내에서 갈등은 필연적이고 보편화된 현상이다. 특히 수많은 개인들이나 소집단들이 복합적인 단위로서 공식적인 대규모 조직에 모여 상호 작용하는 과정에서 이들 간의 갈등과 긴장은 불가피하다. 이러한 갈등은 조직이 있고 인간이 존재하는 곳에는 어느 곳에서나 나타나게 되어 있다.[6] 특히 기업조직은 경영활동을 수행하는 과정에서 이해자 집단(interest group)과의 마찰이 불가피하고, 기업 내부적으로는 업무의 분화와 전문화가 진행됨에 따라 부문 간, 기능 간의 갈등, 개인의 역할갈등은 물론 이를 관리해야 할 관리자의 역할갈등 등 수많은 갈등이 계속 일어나고 있으며 이러한 갈등은 계속해서 그 해결이 촉구되고 있다.[7]

갈등에 관한 문제는 오래전부터 많은 연구의 대상이 되어왔다. 심리학적 미시이론가들은 개인적 연구로부터 시작하여 조직의 연구로 옮겨가고, 사회학적 접근방법을 적용하는 거시이론가들은 환경과 조직의 연구로부터 시작하여 개인 간 및 개개인의 문제로 연구의 초점이 옮겨가고 있다. 이러한 미시, 거시적 접근법은 각각 그 효율성을 가지고 있지만 조직에 대한 올바른 이해를 위해서는 이러한 접근법들이 수렴되어야 하고 또 실제로 학제적 연구(interdisciplinary approach)로 수렴되어 가고 있다.

근래에 들어와서 조직행위론에서도 갈등에 관한 문제가 중요한 쟁

---

5) Paul Hersey and Kenneth H. Blanchard(1977), *Management Organizational Behavior*, 3rd ed., New Jersey, Prentice-Hall, p.588.

6) B. Berelson and G. A. Steiner(1964), *Human Behavior: An Inventory of Scientific Findings*, Harcout, Brace & World, p.588.

7) Andrew. D. Szilagyi, Jr. and Marc J. Wallace, J(1983), *Organizational Foresman a Company,* p.209.

점으로 등장하여 조직 갈등의 관리에 대하여 많은 연구가 이루어져 왔으나 주로 거시적인 차원에 치우쳐 온 것이 사실이다.[8]

그러나 조직행위의 주체가 조직 내의 개인, 집단, 리더, 조직 그 자체라고 볼 때 거시적인 접근방법도 중요하겠으나 미시적인 접근법의 중요성도 간과해서는 안 될 것이다. 왜냐하면 조직의 유효성이 개인수준, 집단수준, 조직전체수준의 순으로 이루어진다고 볼 때 개인수준과 집단수준에서 발생하는 문제를 다루는 것은 곧 조직유효성의 결정요인을 다루는 것이 되기 때문이다.

따라서 본 연구에서는 조직행위론적 관점에서 볼 때 조직유효성에 가장 중요한 영향요인 중의 하나로 지적되고 있는 조직 갈등의 원인과 유형을 이론적, 실증적으로 연구하여 갈등이론을 연구하는 학자들에게는 학문적으로 보탬이 될 수 있는 방법을 모색하며, 기존의 갈등이론을 실증분석에 적용할 수 있도록 체계적으로 정리하고, 기업조직 내에서 발생할 수 있는 갈등의 원인을 파악하고 이것이 조직에 미치는 영향을 살펴본 후에 그 결과를 제시함과 아울러 근로자들이 그들의 직무환경에서 지각하고 있는 직무만족과 갈등의 결과에 대한 관계를 분석함으로써 조직관리자들에게 갈등관리의 한 측면에서 갈등에 관한 적절한 해결방안(갈등상황에 따른 갈등해소 혹은 갈등조장방안)을 모색하고자 하는 데 본 연구의 목적이 있다.

---

8) J.G March and H. A. Simon(1958), *Organizations*(New York: John Wiley and Sons), p.121: Garry Dessler(1980) *Organization Theory: Integrating Structure and Behavior*(Prentice-Hall Inc.,). p.316.

제2절 연구의 내용 및 방법

1. 연구의 내용

본 연구는 전체 5장으로 구성되어 있으며, 각 장에서 다루고 있는 주요 내용은 다음과 같다.

제1장에서는 서론으로서 연구의 배경 및 목적, 연구의 내용 및 방법에 대하여 설명하였다.

제2장에서는 갈등에 관한 이론적 고찰로서 제1절에서는 갈등이론, 제2절은 조직유효성, 제3절은 직무만족과 조직몰입의 조직유효성과의 관련성을 기존문헌을 중심으로 고찰하였으며, 제4절은 선행연구를 통하여 실증적 분석을 위한 이론적 근거 및 상황적 특성을 요약하였다.

제3장은 본 연구의 실증분석을 위한 설계로서 연구의 개념적 구조를 기존문헌을 종합하여 구성한 다음 이를 기초로 연구의 모형과 가설을 설정하고, 설정된 변수의 조작적 정의와 측정방법을 제시하였다.

제4장은 실증적 조사연구의 분석 및 결과해석과 가설검증, 분석결과에 대한 논의를 하였으며, 제5장은 결론으로서 연구결과의 요약 및 시사점을 파악하고 연구의 한계 및 향후 연구방향을 제시함으로써 마무리하였다.

2. 연구의 방법

본 연구의 목적을 수행하기 위한 연구방법으로서 현장조사방법(field

survey method)을 선택하였다.

먼저 본 연구의 목적을 달성하기 위해 기존의 문헌조사를 통하여 연구주제의 학문적 배경과 그 선행연구결과를 분석, 요약함으로써 본 연구의 실증적 연구를 위한 분석모형을 설계하고, 연구가설 및 관련변수를 도출하였다. 또한 실증분석을 통해 설정된 연구주제의 이론적 배경 및 논리적 구조를 분석하고자 하였다. 즉, 선행연구를 통하여 본 연구에 대한 변수를 선정하고 조작적 정의를 내리며, 설문조사방법에 의하여 본 연구에 대한 통계적 추정과 가설검증 및 연구모형의 상황적 구조를 검토하였다.

본 연구를 위한 측정척도는 인사조직 분야의 선행연구에서 개발된 문항으로, 설문문항에 대해서는 관련전문가를 통하여 내용의 타당성과 적합성을 검토하여 본 연구가 의도하는 내용이 응답자에게 충분히 전달될 수 있도록 사전검토를 한 다음 질문내용이 어렵거나 이해의 혼란을 초래할 수 있는 문항들을 제거 혹은 수정한 후 최종설문지를 확정하였다. 응답자로부터의 설문지의 수집은 연구자가 기업체를 직접 방문하여 연구에 대한 주제와 목적, 그리고 설문지에 대한 설명을 하고 작성하도록 하는 대인면접법(personal interview)에 의한 직접조사방법을 사용하였다. 평가방법은 설문지에 기술된 질문에 대하여 해당항목에 표시하도록 히는 한정식질문법(closed questionaire)을 사용하였으며, 리커트(R. Likert)의 누가평정법(summated rating method)에서처럼 강한 긍정과 강한 부정까지의 가중치를 부여하여 계량화하였다.

본 연구의 대상이 되는 표본은 서울, 경기, 인천 등 수도권지역에 소재하는 제조기업 임직원을 주요대상으로 하였으며, 표본의 추출방법은 비확률적 추출방법(nonprobability sampling method) 중 편의추출(convenience sampling)방법을 사용하였다. 본 연구를 위해 사용된 통계적 기법은 다변량 분산분석(multivariate analysis of variance: MANOVA)을 통하여 가설을 검증하였다. 다변량 분산분석은 한 개 이상의 종속변수를 다루기 위한 것으로, 분산분석의 확장의 형태이다. 독립변수로는 갈등원인(상호의존성, 목표차이)과 갈등유형(수평적 갈등, 수직적 갈등)이, 조절변수로는 조직규모와 기업가정신이 이용되었으며, 종속변수로는 조직유효성(직무만족, 조직몰입)이 연구모형에 이용되었다.

갈등원인의 상호의존성과 목표차이, 갈등유형에는 수평적 갈등과 수직적 갈등을 각각 두 개의 집단으로 나누어서 다변량 분산분석에 이용하였다. 두 개의 집단으로 나눈 방법으로는 집단의 평균에서 0.56씩 삭제한 후 상호의존성과 목표차이, 그리고 수평적 갈등과 수직적 갈등이 높고 낮은 집단으로 분류하였다. 조절변수로 사용된 조직규모 및 기업가정신 또한 같은 방법으로 집단을 구분하였다. 통계분석은 SPSSWIN 11.0을 이용하였다.

제 2 장
이론적 고찰

제1절 갈등이론

1. 갈등의 정의 및 원인

1) 갈등의 정의

갈등(conflict)이란 용어는 적용분야에 따라 여러 가지 의미를 갖고 있다. 정치학, 경제학, 사회학, 경영학, 심리학, 인류학, 정신병리학 등에서의 의미가 각각 다르기 때문이다. 그러나 여기서는 조직행위론적 의미, 즉 기업조직에 있어서의 갈등의 정의를 명확히 해둘 필요가 있다.

다렌돌프(R. Dahrendorf)는 사회세력의 명백한 충돌뿐만 아니라 경쟁, 논쟁, 긴장까지도 포함하여 갈등의 개념으로 사용하고 있다.[9]

코우저(L. A. Coser)는 양립 불가능한 목표의 존재와 실제적인 갈등을 구분할 필요성을 강조하였으며,[10] 맥(R. W. Mack)과 스나이더 (R. C. Snyder)는 이러한 구분에 대한 관심이 지금까지는 부족하였다고 하였다. 또한 갈등(conflict)과 경쟁(competition)의 두 개념 간에는 종종 혼동이 일어날 수가 있다.

갈등과 경쟁을 구분하는 기준은 크게 세 가지로 나눌 수 있다. 첫째는 갈등을 경쟁의 부분집합으로 보는 견해이다. 볼딩(K. E. Boulding) 은 경쟁을 두 행위 단위의 잠재적 위치가 상호 양립 불가능할 때 존재하는 것으로 보고, 갈등은 당사자들이 이러한 상황을 인식하고 양립 불가능한 지위를 점유하려는 상황에서 발생한다고 하였다. 이 경우에 경쟁은 갈등보다 광범위한 개념이라 할 수 있다. 그러나 이렇게 두 개념을 구분하면 각각의 행위적 결과를 구별하기가 곤란하다.

두 번째는 행위가 규제되는 정도를 강조하는 견해이다. 핑크(C. F. Fink)에 의하면 경쟁은 규칙이나 제도화된 규범에 의해 규제를 받지만 갈등은 규제되지 않는 행위, 즉 규칙의 위반이다. 그러나 이러한 견해는 행위를 규제하는 규범의 성격이나 관계에 대한 일반적인 합의점을 찾을 수 없는 단점을 지닌다.

세 번째는 갈등과 경쟁을 행위적으로 구별되는 현상으로 파악하는 견해이다. 경쟁 상태에 있는 당사자들은 상대방의 목표달성 노력을 방해하는 데 행위의 초점을 둔다. 세일러(J.A. Seiler)는 경쟁과 갈등의 근본적인 차이는 방해 행위(interference, blocking activities)의 존재 여부에 있다고 하였다. 또한 핑크는 이러한 차이를 평행적 경쟁 (parallel striving)과 상호방해(mutual interference)로 구별하였다.

이러한 상황에 따라 당사자들의 전략은 달라지므로 위에서 살펴본

---

9) R. Dahrendorf(1959), *Class and Class Conflict in Industrial Society*, Standard, Calif., Stanford Univ. press, p.135.
10) L. A. Coser(1978), *Masters of Sociological Thoughts,* p.37.

문제점들을 바탕으로 정확하고 유용한 갈등의 개념을 정립하는 데
필요한 세 가지의 기준을 도출할 수 있다. 첫째, 갈등의 정의는 가치
지향적 관점을 배제 하여야 한다. 둘째, 갈등의 정의는 특별한 행위
에 초점을 맞추어야 한다. 셋째, 갈등의 개념은 경쟁의 개념과 구별
되어야 한다.

이러한 기준을 근거로 슈미트와 코찬은 갈등을 "조직 내 의사결정
단위 간의 작업수행 노력에 대한 실제적 방해 행위"라 정의하였다.

갈등에 대한 정의가 다양한 이유는 갈등의 의도만 있어도 갈등인
가, 아니면 공공연한 갈등행동(Over acts)에만 한정되는 용어인가에
집중되고 있다. 갈등의 의도 내지는 기도의 문제(intent issue)는 방해
행동(blockage behavior)이 사전의 결심, 즉 의도에 의해 결심된 행동
(determined action)인가 아니면 우연한 환경의 결과로 일어난 것인가
의 여부에 관한 논쟁이다.[11] 일반적으로 갈등이란 관련 개인이나 집
단이 함께 일하는 데 애로를 겪는 형태로 정상적인 활동이 방해되거
나 파괴되는 상태라고 정의할 수 있다.[12]

연구자는 본 연구에서 갈등을 "조직 내 구성원들의 목표 지향적인
행동이 서로 다른 조직구성원들 간의 목표 지향적 행동과 기대로부
터 방해를 받을 때 표출되는 조건반사적 행동이다."고 정의한다.

2) 갈등의 원인

조직 내에서 갈등의 원인은 무수히 많다. 왜냐하면 갈등 자체가 복
잡한 메커니즘에 의해 발생하며 특히 개인적 심리적 특성에 따라 동일
한 상황에서도 갈등의 발생 여부가 상이할 수 있기 때문이다. 따라서

---

11) S. Robbins(1980), *"Conflict Management and Conflict Resolution are not Synonymous Terms"* California Management Review.
12) H. J. Reits(1981) *Behavior in Organization,* 2nd, Home Wood, Ⅲ: Richard D. Irwin, Inc., p.407.

각 학자마다 주장하는 갈등의 원인도 각기 상이함을 발견할 수 있다.

월튼(R. E. Walton)과 더튼(J. M. Dutton)은 기술구조상의 갈등원인으로 상호의존성, 권위의 불균형, 보상, 모호성, 자원의 공유 등을 들고 개인적 갈등의 원인으로 커뮤니케이션의 고장, 가치와 지각의 차이 등을 들고 있다.[13)]

해리스(O. J. Harris)는 갈등의 원인을 개인적 차이, 지각상의 차이, 조직기능상의 차이로 나누고, 개인적인 차이에는 기질적인 차이와 교육, 문화, 사회적인 배경상의 차이를 들고 있다. 지각상의 차이에는 권위의 실추, 역할갈등, 부당한 대우, 지위불일치, 목표의 차이 등이 있으며, 조직기능상의 차이에는 조직의 행동제약, 요구와 책임 등을 들고 있다.[14)]

듀브린(A. J. Dubrin)은 갈등의 원인을 상호의존성, 목표의 차이, 제한된 자원에의 경쟁, 역할갈등, 개인적인 차이의 5가지로 나누었다.[15)]

카츠(D. Katz)와 칸(R. L. Kahn)은 조직 내 상이한 수준이 지위보다 생득적 지위(ascribed status)로 정해질 때 갈등이 발생한다고 하였고, 이것은 과거의 적대감뿐만 아니라 감정, 믿음, 이익의 즉각적인 차이에 의해서도 발생한다고 하였다.[16)]

로빈스(S. P. Robbins)는 갈등의 원인을 크게 커뮤니케이션 차원, 조직구조차원, 개인적인 차원으로 나누고 각 차원의 세부적인 내용을, ① 커뮤니케이션 차원: 어의상의 차이, 정보의 불충분한 교환,

---

13) Richard E. Waltton and John M. Dutton(1959), "*The Management of Inter-departmental Conflict: A model and Review*", Administrative Science Quality, vol.14, No.1.
14) O. J. Harris(1976), *Managing People at Work,* New York. John Willey & Sons, Inc. pp.363-366.
15) Andrew J, Dubrin(1978), *Human Relations*; A Job Oriented Approach, Reston Virginia, Prentice-Hall co. pp.90-94.
16) Daniel Katz and Robert L. Kahn(1966), *The Social Psychology of Organizations,* New York, John Wiley & Sons Inc. p.108.

채널상의 잡음, ② 구조적 차원: 권력의 차이, 작업흐름, 상이한 과업의존성, 목표와 보상, 분권화와 전문화, 자원의 공유, 역할갈등, 신용의 모호성과 비난, ③ 개인행위차원: 퍼스낼리티 속성, 역할불만족, 목표의 차이로 분류하였다.[17]

토마스(K. Thomas)와 슈미트(W. Schmidt)는 갈등의 원인을 오해, 즉 커뮤니케이션의 실패, 퍼스낼리티 간의 충돌, 가치와 목표의 차이, 표준성과 작업방법의 차이, 책임문제, 협동의 부족, 권위문제, 좌절감과 신경과민, 제한된 자원, 규칙 및 정책에의 불복종 등으로 보았다.[18]

필리(A. C. Filley)는 모호한 책임영역, 이해상충, 커뮤니케이션의 장벽, 상호의존성, 권위의 불균형, 의사결정에의 관련, 의견불일치, 행위의 규제, 해결되지 않는 선행갈등을 갈등의 원인으로 들고 있다.[19]

오석홍 교수는 조직의 구성요소들 모두가 갈등상황의 형성에 영향을 줄 수 있는 잠재력을 가진 것으로 보아야 한다고 하고 특히 의사전달의 장애, 조직의 규모, 분화, 중심화, 조직 참여자의 이질성, 감독의 유형, 의사결정에 대한 참여의 정도, 보상체계, 권력구조, 조직단위 간의 구조적 연관관계, 조직 참여자의 성격, 역할지위 및 목적, 사회적인 교호작용 등을 중요한 갈등의 원인으로 열거하였다.[20]

이상에서 살펴본 갈등의 발생원인을 요약해 보면 <표 2-1>과 같다.

---

17) Charles R. Milton(1988), *Human Behavior in Organization*: Three Level of Behavior, Englewood Cliffs, N. H. Prentice-Hall Inc. pp.434-436.
18) Kenneth Thomas and Warren Schmidt(1976), "*A Survey of Managerial Interests with Respect to Conflict*", Academy of Management Journal, pp.315-318.
19) Alan Filley(1975), *Interpersonal Conflict Resolution,* Dallas, Scott. *Foresman and Company,* pp.9-12.
20) 오석홍(1982), 「조직이론」, 박영사, p.598.

〈표 2-1〉 학자별 갈등원인 비교표

주장자	갈등 차원	갈등의 발생원인
월턴과 더튼 (R. E. Walton & J. M. Dutton)	기술구조상 차원	상호의존성, 권위의 불균형, 보상의 차이, 모호성, 자원의 공유
	개인적 차원	커뮤니케이션 고장, 가치와 지각의 차이
해 리 스 (O. J. Harris)	조직기능상 차원	행동의 제약, 요구와 책임
	지각상 차이	권위의 실추, 역할갈등, 부당한 대우, 불일치, 목표의 차이
	개인적 차이	기질적 차이, 교육문화의 차이, 사회적 배경의 차이
로 빈 스 (S. P. Robbins)	조직구조적 차이	권력의 차이, 작업흐름, 상이한 과업 의존성, 목표와 보상, 분권화와 전문화, 자원의 공유, 역할갈등, 신용의 모호성과 비난
	커뮤니케이션 차원	어의상의 차이, 정보의 불충분한 교환, 채널상의 잡음
	개인적 차원	퍼스낼리티의 속성, 역할불만족, 목표의 차이
토마스와 슈미트 (K. Thomas & W. Schmidt)		커뮤니케이션의 실패(오해), 퍼스낼리티의 충돌, 가치와 목표의 차이, 표준성과 작업방법과의 차이, 책임문제, 협동의 부족, 좌절감과 신경과민, 제한된 자원, 권위문제, 규제 및 정책에의 불복종
듀 브 린 (A. J. Dubrin)		상호의존성, 목표의 차이, 제한된 자원에의 경쟁, 역할갈등, 개인적인 차이
필 리 (A.C. Filley)		모호한 책임영역, 이해상충, 커뮤니케이션의 장벽, 상호의존성, 권위의 불균형, 의사결정에의 관련, 의견불일치, 행위의 규제, 해결되지 않은 선행갈등
오 석 홍		의사전달에의 장애, 조직의 규모, 분화, 중심화, 조직 참여자의 이질성, 감독의 유형, 의사결정에 대한 참여의 정도, 보상체계, 권력구조, 조직단위 간의 구조적 연관관계, 조직 참여자의 성격, 역할지위 및 목적, 사회적인 교호작용

자료: 박부수(1987), 「조직 갈등의 원인과 관리방안에 관한 실증적 연구」, 중앙대학교 박사학위논문, pp.27-28.

2. 집단 간 갈등의 원인과 유형

조직체의 규모가 커지고 기능이 다양해질수록 집단 간의 관계는 더욱 복잡해지고 갈등이 발생할 가능성도 더욱 커지며 실질적으로도 조직 내의 여러 차원에서 갈등이 일어나고 있다. 여기에서는 경영조직의 유효성에 가장 직접적이고 많은 영향을 미치는 집단 간의 갈등에 대한 원인과 유형에 관하여 살펴본다.

1) 집단 간 갈등의 원인

집단 간 갈등(intergroup conflict)은 여러 가지 요인들이 복합적으로 작용하여 발생될 뿐만 아니라 연구방법 및 학자에 따라 그 원인도 다양하게 보고 있다.[21] 그러나 여기서는 집단 간 갈등의 원인 중에서 가장 큰 영향 요소로 지적되고 있는 주요 변수들을 요약 설명하고자 한다.

(1) 목표의 차이

조직전체 목표달성을 위하여 기업 내 각 집단의 활동이 일관성 있게 수행됨에도 불구하고 집단마다 추구하는 목적이 일치되지 않으므로 집단 간 갈등 요인이 되고 있다. 예컨대 판매부서에서는 시장 점유율을 높이기 위하여 할인이나 신용판매 등 고객에게 유리한 조건을 원하지만 재무회계부서는 신속한 사금유통을 위하여 현금거래를 요구하는 점을 들 수가 있다.

---

21) 예로서, Joseph Litterer는 조직 내 갈등의 요인으로 ① 다수의 목표가 상충될 때 ② 상충되는 수단이나 상충되는 자원 배분 ③ 지위의 불일치 ④ 지각의 차이를 들었으며, March와 Simon은 ① 제한된 자원에 대한 상호의존성과 공동결정의 필요성 ② 목표의 차이 ③ 현실에 대한 인지의 차이로 보았다.

(2) 지각의 차이

현실에 대한 지각의 차이도 갈등을 야기할 수 있는 주요한 원인
이 된다. 이러한 지각의 차이는 정보전달, 경로상의 문제 또는 독자
적인 정보원에 의지하게 되어 서로가 받아들인 정보에 근거를 두게
되므로 각 집단은 현실에 대해 각기 다른 관점을 형성하게 된다. 그
뿐만 아니라 집단들은 상호지각에 있어서 상대집단의 특성을 과대
또는 과소평가하는 경향을 보이고 있다. 한 연구결과에 의하면 경영
자와 과학자, 그리고 연구개발 관리자들은 상호 간의 가치관을 평가
하는 데 있어서 자신의 평가와 타 집단의 평가에 차이를 보여주는
지각상의 문제점을 보여주고 있다.22) 이러한 집단 간의 상호지각은
상동적 태도 경향이 작용하고 있다는 것을 입증해 주고 있다.

(3) 행동경향의 차이

집단은 과업목적과 기능에 따라서 다양한 성격과 배경 등 서로
다른 행동경향을 갖고 있으므로 서로 간에 다른 견해와 마찰이 일어
나는 것은 자연적인 현상이라고 볼 수 있다. 행동경향의 차이는 갈
등의 종류에서 살펴본 라인 실무자와 전문스태프 간에서 볼 수 있
다. 즉, 라인과 스태프들은 일반적으로 사고방식이나 전문교육수준의
차이는 물론 상호작용에 있어서 실적과 작업표준, 실제와 이론, 사회
적 관계와 과업달성 등 우선개념과 접근방법에서 차이가 있으므로
갈등의 요인이 된다.

(4) 제한된 자원

조직체의 각 집단은 맡은 바 업무를 수행하고, 지향하는 목표를

---

22) William D. Guth and Renato Tagiuri(1965), *"Personal Values and Corporate Strategy"*, *Harvard Business Review*, vol.43, No.5, pp.123-133.

달성하기 위하여 인력, 자금 및 설비 등의 자원을 필요로 한다. 그러나 조직체 내의 자원은 한정되어 있으므로 각 집단이 요구하는 대로 자원을 공급해 줄 수가 없다. 따라서 집단들은 제한된 자원으로부터 되도록 많은 몫을 차지하려고 서로 경쟁을 하게 되어 심한 경우에는 집단 상호 간에 적대감까지 조성될 수 있다. 자원의 제한은 물질적인 면뿐만 아니라 승진이나 업적달성의 기회 등 집단들의 자아실현과 관련된 심리적인 측면에도 적용되어 집단 간에 경쟁적 행동을 불러일으킨다.

⑸ 기타 집단 간의 차이점

① 기간의 차이: 집단 간의 갈등은 의사결정이나 결과 피드백에 있어서 각 집단이 적용하는 기간의 차이에서 갈등이 조성된다. 예를 들면 업무부서는 단기성과에 우선순위와 많은 관심을 두고 있고, R & D 부서는 장기계획과 성과를 더 강조하여 문제해결의 접근방법에 차이를 나타냄으로써 집단 간의 갈등이 나타난다.

② 보상체계의 차이: 서로 다른 부서는 상이한 보상의 체계를 갖고 있어 집단 간의 상호협력이나 공동체 의식을 감소시키고 집단 간의 갈등을 유발시키는 요인이 된다. 예를 들면 판매실적에 따라서 수당이나 상여금을 받게 되는 판매부와, 생산실적보다는 품질관리와 제품의 다양성을 중심으로 하는 생산부와는 업적의 평가기준이나 보상체계가 달라 집단 간 갈등이 나타난다. 이상의 차이 이외에도 집단의 구조와 관리상의 차이 또는 집단을 관리하고 있는 리더, 경영자의 관리 스타일 등이 서로 달라서 갈등의 요인이 되기도 한다.[23]

---

23) W. B. Brown and D. J. Moberg(1980), *Organization Theory and Management*, New York, Wiley, p.500.

2) 집단 간 갈등의 유형

일반적으로 경영조직에서 나타나는 집단 간의 갈등은 그 형태와 원인에 따라 그 유형을 분류할 수 있으나 본 연구에서는 연구의 목적상 형태별 유형에 한정하여 언급한다.

형태별 갈등유형은 수직적 갈등과 수평적 갈등으로 구분한다.[24]

(1) 수직적 갈등(Vertical conflict)

① 상하급자 간 갈등

상하급자 간 갈등에 대한 연구는 거의 없으며 현재까지 레뉘크(P. A. Renwick)와 버크(R. J. Burke)의 연구논문 등이 보일 뿐이다.

상하급자 간 갈등에서 심각하게 문제가 되는 것은 역시 권력이나 영향력이 약한 하급자이다. "갈등관리에 대한 인식은 하급자로부터 제기된다."[25]는 레뉘크의 주장과 "상급자 측면의 조사는 이루어지지 않았다."[26]는 에반(W. Evan)의 설명에서 상급자의 갈등은 간과되거나 무시되어 왔다는 것을 알 수 있다. 그래서 본 연구에서는 양자 간의 갈등을 동일하게 다루었다.

상급자의 갈등은 다음과 같이 크게 세 가지 측면에서 나타나고 있다.

---

24) Daniel Robey(1982), Designing Organizations: *A Macro Perspective*, (Home-wood, Ill: Richard D.) p.151.
    루탄스(Fred Luthans)는 집단 간 갈등의 유형을 ① 계층적 갈등 ② 기능적 갈등 ③ 라인-스태프 간의 갈등 ④ 공식-비공식 조직의 갈등 등으로 유형화하였다. 이에 대한 자세한 내용은 다음을 참조, Fred Luthans(1981), *Organizational Behavior*(New York: McGraw-Hill Book co.,), pp.380-381.

25) P. A. Renwick(1975), "*Perception and Management of Superior-Subordinate Conflict*", Organizational Behavior and Human Performance 13, p.445.

26) W. Evan(1965), "*Superior-Subordinate Confliction Research Organizations*" Administrative Science Quarterly, 10, pp.52-64.

a. 상황에 대한 인식의 차이에 의한 갈등

상급자들은 그들 자신이 가지고 있는 지위나 신분에 입각해서 현실을 인식한다. 그래서 레뉘크는 "상급자들이 기업의 목적이나 목표를 보다 장기적이고 포괄적인 관점으로 보고 하급자들보다 더 깊은 이해를 하려고 한다. 반면에 하위직은 그들 상급자보다 더 많은 기술적 정보나 노-하우를 가지고 있기 때문에 현실감각은 더욱 뚜렷하고 문제 인식에 더욱 민감하다. 그리하여 상급자가 장기적이고 포괄적인 데 반해 하급자는 단기적이고 국부적인 관점과 인식을 가지고 있다."고 하여 양자 간에 차이가 존재한다는 것을 분명하게 밝혔다. 그러므로 상급자가 하급자의 행동을 규제 내지 지도해서 관점의 차이나 목표의 차이를 수정하여 일치시키기 위하여 권력을 행사하고자 하며 이런 과정에서 갈등은 필연적으로 발생한다.

b. 정보, 지식, 자원, 권력, 직위의 차이에 의한 갈등

상급자는 제 자원이나 권력을 통하여 하급자를 통제하려 하며 하급자는 제한된 범위 내에서 전술한 제 자원을 획득하려는 과정에서 경쟁과 갈등이 일어난다. 본래 상급자는 다양한 과업에서 상호 협조하도록 그 체계가 형성되어 있지만 필연적으로 상하급자 간에는 권력차이가 존재하는데 쬬스볼드(D. Tjosvold)는 "이러한 권력차이는 효과적인 의사소통과 협력을 촉진시키며 권력평준화 노력은 상하 간의 상호작용을 개선시키는 역할을 한다."고 하고 또한 맥클란드 (McClelland, D. C.), 칸터(R. M. Kanter) 등이 권력차이는 문젯거리가 아니며 상급자는 당연히 상당한 권력과 높은 권력 욕구를 가져야 된다[27]고 하였다고 부연하여 설명하고 있다.

---

27) D. Tjosvold(1985), "*Power and Social Context in Superior-Subordinate Inter- action*", Organizational Behavior and Human Decision Process, 35, p.281.

c. 상하급자 구성원 간의 이질적 구성에 의한 갈등

이질적 구성요인에 의한 갈등은 다음과 같은 경우에 일어난다.

첫째, 저연령의 상급자와 고연령의 하급자 간의 갈등, 둘째, 저학력의 상급자와 고학력의 하급자 간의 갈등, 셋째, 여자상급자와 남자하급자 간의 갈등, 넷째, 공채모집 하급사원과 특채(scout)모집 상급사원 간의 갈등.

② 신입사원과 경력사원 간의 갈등

신입사원과 경력사원 간의 갈등에 대한 연구는 거의 보이지 않고 있기 때문에 앞으로 이 분야는 중요 연구 분야라고 생각한다.

조직은 환경의 영향을 받으며 변화하는 개방시스템이다. 개방시스템으로서의 조직은 조직 자체의 존립과 성장을 위해서 모든 자원과 더불어 인적자원의 투입과 배출이라는 순환과정을 가지게 된다. 이러한 순환과정상에서 먼저 조직에 영입된 성원들과 차후에 들어오는 성원들 간에는 기업에서 제공하는 보상, 역할, 권력의 차등현상이 일어난다. 여기에서 기간적으로 대개 먼저 조직에 참여한 성원들과 차후에 입사한 성원들 사이에는 다음과 같은 다양한 형태로 갈등이 일어난다.

첫째, 업무처리방식의 차이에 의한 갈등, 둘째, 경력사원과 신입사원의 이질적 구성에 의한 갈등, 셋째, 정보, 지식, 자원, 권력, 지위의 유지와 획득경쟁에 의한 갈등 등이다.

(2) 수평적 갈등(Lateral conflict)

① 제조부와 영업부 간의 갈등

부서 간의 갈등은 조직이 목적을 달성해 가는 과정에서 일어나는 필연적인 현상이다. 만약 조직의 목표수행 과정에서 권력행사가 없다면 목표수행 자체가 때로 불가능한 상태로 전개된다. 또한 보상과 역할이 주어지지 않으면 성원들은 공헌을 하려고 하지 않을 것이다. 왜냐하면 조직은 바로 권력이 행사되는 장이며, 보상과 역할이 주어지는 곳이기 때문이다.

톰슨(J. D. Thomson)은 "조직에서의 투입, 전환, 산출에서 생겨나는 불확정을 극복하는 과정이 조직의 목적을 달성하는 관리과정"[28] 이라고 보고 있다. 조직이 문제의 불확정을 해결하여 확정되게 하는 의사결정이나 행동을 각 부서나 집단과의 하위시스템과의 상호관계 속에서 추구하는 과정에서 바로 권력과 역할의 차등현상이 일어난다. 바로 이러한 권력과 역할차이와 그에 따른 보상차이를 타파시키려는 상호작용 과정에서 갈등이 일어난다.

페로우(C. Perrow)는 기업에서의 부서 간 권력분포를 조사하였는데 "제조, 영업, 재무, 연구부 중에서 영업부가 권력이 가장 큰 부서"[29] 라고 하였다.

② 라인과 스태프 간의 갈등

라인과 스태프 간의 갈등에 대한 연구는 돌턴(M. Dalton), 맥그리거(D. McGregor) 등의 업적이 보인다. 본래 라인과 스태프 이론은 조식원직론. 군사침모이론, 과학적 관리이론 등의 주요부분이 되어왔다.

라인 등 구매, 제조, 판매라는 조직의 1차적 분화에 의한 주요기능부서로서 기업의 목표를 성취시키는 직접적인 책임을 가지고 있으므로 기업현장에서는 직접부서라고 부르고 있다. 이에 반해서 스태프는 라인에 대해 충고하고 서비스를 제공하는 부서로서 간접적 책

---

28) J. D. Thomson (1967), *Organizations in Action*, New York, McGraw-Hill Book co., p.162.

29) C. Perrow(1970), *"Departmental Power and Perspectives in Industrial Firms"*, edited by Mayer N. Jald, Power in Organization(Nashville, Tennessee, Vanderbilt University), pp.62-65.

임을 지는 간접부서이다. 그러므로 스태프의 영향력은 라인을 통해서만이 발휘될 수 있다.

원래 스태프는 알려지지 않은 일, 창의적인 일, 미래지향적인 업무를 수행해야 하며 성공적인 결과에 대해서 공을 앞세우지 말아야 한다. 즉 어떤 어려운 문제에 부딪히면 문제해결을 위해서 라인을 도와야 하며, 라인이 스태프의 충고에 의해서 실행하는 과정에서 실패를 하는 경우에도 문제의 관찰내용을 상급자에게 보고하여야 하며 조직 내 어느 계층, 어느 집단과도 접촉할 수 있지만 그 과정에서 자기주장이나 수정된 정보를 주장할 권리는 없다. 스태프의 권한은 제한된 전문적 권력이 부여되는 한정적 조건에서만 설명할 수 있다. 만일 한정적인 권리를 초과하여 행사한다면 여러 기능적 부문에서 라인과의 충돌과 갈등은 피할 수 없는 일상사가 되기 때문이다.

이런 점에서 스태프의 권한은 제한적인 계획부문에 한정된 책임으로 그쳐야 하며 집행과 확인은 역시 라인의 최후 책임으로 남아 있어야 하는 것이다. 그러나 현실적으로 맥그리거는 "스태프의 권력이 점차적으로 증대되고 있는 것이 사실이며 주요 의사결정, 인적자원과 재무적 문제에 더 큰 영향력을 발휘하고 있다."30)고 하였다. 이러한 라인과 스태프 간에 일어나는 갈등의 원인을 정리하면 다음과 같다.

  a. 조직의 원리측면에서 본 라인·스태프의 갈등문제
첫째, 분업의 원칙에 의해 기능이 세분화되면서 라인과 스태프기능이 분화된다.

둘째, 다음으로 조직의 계층적 구조에 의해 생겨난 명령단일화의 원리에 의한 라인적 질서에서 살펴볼 수 있다.

위 두 가지 원칙은 전자의 수평적 분업의 원리와 후자의 수직적인

---

30) D. McGregor(1960), *The Human Side of Enterprise*, Tokyo, McGraw-Hill Kogakusha, Ltd., p.156.

책임과 권한배분원리로 설명될 수 있으며 이러한 분업과 권한배분에 의한 상호 밀접한 관련성에 의해서 갈등을 내포하게 된다. 또 제한된 직위 수와 인원의 배치에 의해 명확한 직무배치가 된다면 다소간의 갈등은 제거 내지 감소될 수 있지만 조직은 파킨슨(C. N. Parkinson)[31]의 설명과 같이 업무량과 관계없이 인원의 증가현상이 생기며 이런 현상은 라인보다 스태프에 의해서 오히려 더 심각하게 나타남으로써 라인·스태프 간의 갈등을 심화시키는 원인이 되기도 한다.

b. 인식의 차이에 의한 갈등

라인과 스태프는 상대방에 대한 인식, 역할수행과 성과에 대한 인식, 권한행사에 대한 인식의 차이에 의해서 갈등이 생긴다.

첫째, 상대방에 대한 인식의 차이에 의해서 갈등이 일어난다.

둘째, 역할수행과 성과에 대한 인식의 차이에 의하여 갈등이 생긴다.

셋째, 스태프와 라인의 권한행사에 대한 차이에 의하여 갈등이 일어난다.

c. 조직구조상의 문제점

한국 기업의 스태프부서와 라인부서의 구조적 차이에 대해서 조사된 바는 없었다. 원론적으로는 스태프부서와 라인부서 중에서 라인부서가 더 영향력이 큰 것으로 되어 있으나 한국 기업에서 스태프부서가 광범위하게 가지고 있는 인사권과 재정권은 너무 막강하기 때문에 제조나 영업부서에서 갖는 순수 직능적 권한과 비교될 수 없는

31) Parkinson's law로 알려진 이 법칙은 C. N. Parkinson이 영국 해군 장교로 재직하는 동안 발표한 함정과 해군 장교의 수적 상관관계를 연구한 논문에서 밝힌 법칙이다. 즉 해군함정은 일정한 기간에 67.7%가 줄었으나 해군 장교는 78.5%가 증가했다는 것이다.
(J. M. Shafritz & P. H. Wthitbeck(1978), Classics of Organization Theory, Oak Park, Ill. More Publishing co. Inc. pp.131-135. 참조)

측면이 있다. 이 문제는 그 자체로서 앞으로 연구되어야 할 중요 과제라고 본다. 최해진은 그의 박사학위논문(1990)에서 조사대상 1,760명이 인식하고 있는 부서별 권력의 크기를 아래 <표 2-2>와 같이 비교하였다.

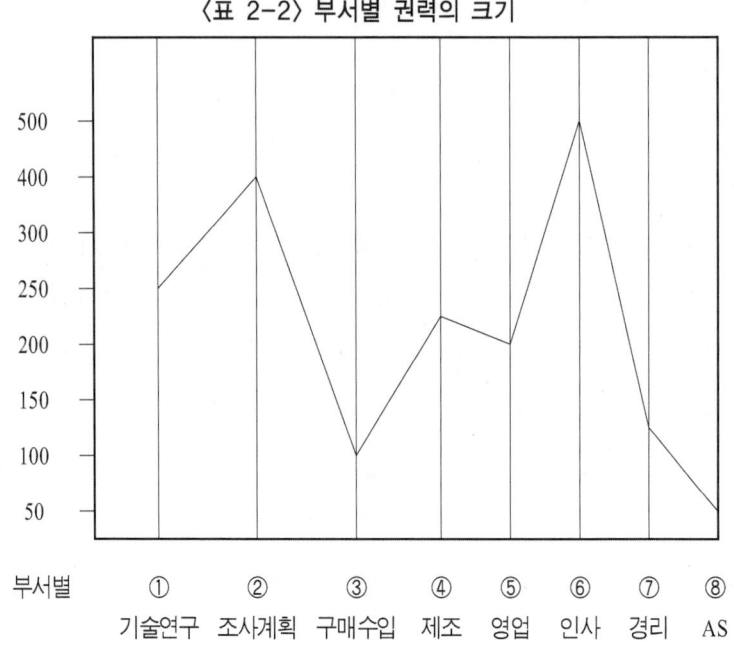

〈표 2-2〉 부서별 권력의 크기

자료: 최해진(1990), 한국 기업의 종업원갈등에 관한 실증적 연구, 부산대학교 대학원 박사학위논문, p.53.

이 표에서와 같이 우리나라 기업에서는 스태프부서가 라인부서보다 더 큰 권력을 가지고 있는 것으로 나타나서 라인의 권한이 스태프보다 더 크다는 원칙론이 근본적으로 부정되었다. 즉 스태프부서인 인사부서, 기술·연구부서, 조사계획부서가 권력이 강하고 라인부서인 제조부, 구매부, 영업부는 강하지 않는 것으로 나타났다. 이와 같은 스태프의 보다 강력한 권력은 라인과의 갈등을 보다 용이하게 야기한다. 그리하여 이러한 문제를 해결하기 위해서는 먼저 양자는 기존의 제 규정을 일단 준수하되 문제가 있는 사항은 단계적으로 개선해 나가는 타협적 자세를 가지도록 해야 하며 다음으로 스태프는 연구하는 자세로서 새로운 기법과 노우·하우를 라인요원에게 끊임없이 제시하여 그들에게 스태프의 필요성을 계속 인지시키도록 해야 할 것이다.

마지막으로 스태프는 권력을 행사하기보다는 겸허한 자세로서 라인을 돕는다는 생각을 잊지 말아야 한다. 동시에 양자는 수행하는 직능의 차이를 인정하되 양자의 공과를 조정할 상위조정역인 특별시스템을 활용해야 할 것이다. 그리하여 한국 기업의 구조적 문제점인 스태프의 왕국적 현상을 탈피하여 스태프의 권력을 축소하고 라인의 권력을 강화시킴으로써 권력이 상호 대등하도록 해야 할 것이다.

③ 남녀사원 간 갈등

a. 구조주의적 관점
일반적으로 스튜어트(L. P. Stewart)의 지적과 같이 "기업에서 경영자(to think manager)라고 하면 남성((to think male)을 의미"[32]할 정도로 여성의 지위는 기업에서 위약하여 한국 기업에서의 이런 상황은 더욱 심각하다. 여성이 기업에서 역할을 수행한 역사는 그리 길지 못하다. "19세기에는 사무실의 비서직에서조차 여성이 존재하지 않았다. 19세기 말과 20세기(1890-1910)의 전환기적 시대에 비로소 여성에 대한 새로운 역할이 현재적 사무실의 출현과 더불어 주어졌다."[33]

---

32) Lea P. Stewart(1982), *"Differential Factors Influencing the Hierarchical Level and Number of Promotions of Males and Females within an Organization"* Academy of Management Journal, vol.25. No.3, p.587.

고 칸터는 설명하고 있다.

즉 기록보존서류를 만드는 서기가 필요해진 것인데 이것은 1870
년대에 고안된 타자기가 보급되면서 가능해졌다. 그러나 필요한 사
무요원을 남성만으로는 충족시킬 수 없었다. 그리하여 서류작성과
사무실의 잔심부름도 시킬 수 있다는 이점 때문에 여성인력의 취업
이 크게 확대되었다. 그렇지만 권력과 권한이 남성과 비교해서 상대
적으로 약한 지위에 머물러 있는 현상은 타파하지 못하고 있다. 그
래서 스튜어트는 "여성들이 남성에게 필적하는 지위나 영향력을 갖
고 있지 않다."고 하였다. 또한 그는 "여성이 중요한 승진경로(prom-
otional process)인 비공식조직을 활용할 수 없고 또 하려고 하지도
않는다."고 지적하였다. 이러한 이유는 "남성에 비해서 여성의 정보
채널이 부족하고, 최하위근접부서에 근무하며, 정형화된 직무를 수
행"하고 있기 때문이라고 칸터는 그의 실증조사에서 밝히고 있다.
또한 자블린(F. M. Jablin)은 "여성이 오랜 기간 관리직에 머물지 않
기 때문에 권력과 우선권을 행사할 수 없으며 남성처럼 조직계층에
올라갈 만큼 잘 교육받거나 경륜을 쌓지 않기 때문"이라고 하였다.

그러나 최근 연구에서는 다소 다른 견해가 제시되고 있다. 즉 샤인
(V. E. Schein)은 여성의 경영능력이 남성과 동일하다[34]고 하였고, 쭈
이(A. S. Tsui)와 구텍(Barbara Gutek)은 최근 그들의 연구에서 여성
들이 승진의 장애를 극복하는 것같이 보인다고 하였다. 즉 그들은 여
성이 남성보다 더 빨리 승진하고 그들 직무에 더 만족하는 것을 발견
했다.[35] 이와 관련하여 브라스(D. J. Brass)는 여성이 비록 조직의 지

---

33) R. M. Kanter(1977), *Men and Women of the Corporation,* New York, Basic
    Books, Inc. Publishers, pp.25-26
34) V. E. Schein(1978), *"Sex, Role Stereotyping, Ability and Performance: Prior
    Research and New Directions",* Personnel Psychology, 31, pp.259-268.
35) A. S. Tsui and B. Gutek(1984), *"A Role Set Analysis of Gender Differences*

배연합(dominant coalition)을 잘 통합하지는 못해도 연락망(network) 을 형성하는 점에서는 남성만큼 숙련되어 있다고 하였다.36)

이와 같이 여성의 능력이 인정되고 직무만족이 되고 있지만 근본 적으로 여성에 대한 기회와 가능성이 부여되는 직무의 제공 없이 여 성이 권력에 접근할 수 없으며 영구히 무권력 군(the cycle of powerlessness)으로 남게 될 것이라는 것이 구조주의자들의 주장이다. 이들 은 모집, 배치, 직무수행, 평가 등의 제 과정에서 이미 여성에 대해 차별을 두고 있기 때문에 권력에 근접할 수 없다는 설명을 하고 있 다. 전통적으로 우리 사회구조에서는 출산, 육아 등의 가정 내의 일 을 여성전용으로 알고 있기 때문에 여성이 조직에서 또 하나의 역할 을 담당할 때 수용해야 하는 이중역할 수행에서의 역할갈등과 역할 모호성은 심각한 것이다. 그러므로 밴(H. L. Van)과 바너(D. K. Banner) 는 여성이 역할갈등과 역할모호성에 빠질수록 조직의 책임을 덜 부 담하려고 한다고 하였다.37) 책임부담의 감소는 권력과 권한의 감소로 이어지는 악순환 속에서 계속 갈등은 일어난다. 그래서 여성이 이러 한 구조적 장애를 스스로 극복하거나 제도적으로 도와주지 않으면 성의 차이에 의한 권력차이와 보상차이 및 역할차이와 그에 수반된 갈등은 사라지지 않을 것이다.

  b. 사회화 관점

  헤닝(M. O. Henning)과 자르딤(A. Jardim)은 "여성이 남성위주의 기

    in Performance, Affective Relationship and Career Success of Industrial Middle Manager", Academy of Management Journal, 27, pp.445-466.

36) D. J. Brass (1985), *"Man's and Women's network; A Study of Informal interaction Patterns and Influence in an Organization"*, Academy of Management Journal, p.28.

37) Helen La Van and D. K. Banner(1985): *The Perception of Rol Conflict, Role Ambiguity and Organizational Commitment*: "Differences Between Sexes", International Journal of Manpower(U. K.), vol.No.5, p.32.

업문화에 적응하기 위한 사회화 학습과정에서 잘못 적용되었다."[38] 고 하였는데 이것은 동서양 다 같이 남성이 지배하는 문화적 환경 속에서 여성의 퍼스낼리티가 수동적인 행위양태로 변하기 때문에 적극적인 행동이 필요한 기업에서는 남성보다 불리한 입장에 처하게 된다는 좋은 지적이다. 그리하여 디턱크(M. A. Deturck)와 밀러(G. R. Miller)의 말처럼 남녀의 적응전략에는 차이가 있다. 즉 "여성은 호소전략(appeals-based strategies)을 활용하는 반면 남성은 오히려 약속과 위협 등의 전략을 쓴다."[39]고 하였으며 파보(Toni Falbo)는 "여성이 간접적이고 편협한 전략(감정, 의존, 눈물, 도움, 호소 등)을 쓰는 반면 남성은 보다 직접적이고 쌍무적인 전략(위협, 협상)을 활용한다."[40]고 하였다. 사회화 이론의 관점에서 보면 이처럼 권력을 획득하기 위하여 여성이 의존적이고 도움을 호소하는 간접적이고 수동적인 전략을 쓰는 반면, 남성은 보다 직접적이고 공격적인 전략을 구사한다. 그 결과 권력 활용 면에서 여성이 남성보다 갈등을 더 느낀다는 것이다. 존슨(P. Johnson)은 성과 관련된 권력행사의 차이를 결정하기 위해서 권력근원의 차이를 분석하였는데 "보상적, 강제적, 합법적, 전문적 권력과 직접적 정보에 의한 권력은 남성과 관련이 있고 준거적 권력, 책략, 잔소리, 간접정보에 의한 권력, 성적 권력(sexuality power)은 여성과 관련이 있다."[41]고 분석하였다.

---

38) M. Henning & a. Jardim (1977), *The Managerial Woman*, New York, Pocket Books, quoted in Lisa A. Mainiero(1986), Administrative Science Quarterly, 31 p.635.
39) M. A. Deturck & G. R. Miller(1986), *"The Effect of Birth Order on the Persuasive Impact of Messages and the Liklihood of Persuasive Messages Selection"*, quoted in Lisa A. Mainiero, Administrative Science Quarterly, 31, p.635.
40) Toni Falbo(1977), *"Multidimensional Scaling of Power Strategies"*, Journal of Personality and Social Psychology, vol.35, pp.537-547.
41) P. Johnson(1976), "Women and Power: *Toward a Theory of Effectiveness"*, Journal of Social Issues, vol.32, No.3, pp.99-108.

c. 양 관점의 통합

조직이 가지고 있는 구조적인 현상에서 이미 여성의 권력과 보상 조건 등이 상대적으로 취약하다고 보는 측면과 여성이 사회화되는 성숙과정에서 권력이나 영향력을 행사할 수 있는 행위에 익숙해지지 않았다고 보는 사회화 이론관점 중에서 어느 관점이 타당한가 하는 점은 규명하기 힘들다. 왜냐하면 양 관점이 지적하고 있는 여성의 무권력 상황은 쉽게 해결할 수 없는 문제이기 때문이다. 무권력의 상태에서 또는 미약한 영향력의 행사과정에서 여성이 겪는 갈등은 직무에 대한 불만족과 바로 직결된다. 이러한 문제점을 타파하기 위하여 우리는 메카니크(D. Mechanic)의 말을 유념할 필요가 있다. 즉 "하급부서에서 이용할 수 있는 권력의 근거인 인력, 정보, 매력, 위치, 전문성 등이 이용 가능한 권력자원을 활용하여 권력이나 영향력을 단계적으로 획득"[42]하고 여성이 감정적으로 가질 수 있는 간접적 정보, 준거적 권력, 성적 권력을 활용해 나감과 동시에 영향력 행사의 범위를 확대하여 심화된 갈등문제를 해결해야 할 것이다.

3. 집단 간 갈등의 모형

1) 집단 간 갈등의 일반모형

이 모형은 월턴과 더튼이 개발한 것으로서 수평적 상호작용을 하는 모든 집단 간의 관계에 적용될 수 있다. 이 모형은 갈등의 원천, 부문 간의 상호관계, 갈등의 관리, 이러한 관계로 인한 결과로 구성되어 있다.

---

42) D. Mechanic(1962), "*Sources of Power for Lower Participants in Complex Organization*", Administrative Science Quarterly, 7, pp.349-364.

(1) 집단 간 갈등의 원천

집단 간의 갈등은 집단관계의 외적인 상황이나 예상되는 관계에서 기인한다. 이러한 갈등의 조건이나 원인은 조직의 구조나 기술과 어우러져 일어난다. 즉, 상호의존성이나 권한관계의 불균형, 보상문제, 공동자원의 존재 등과 같이 개별 집단에서는 어찌 할 수가 없는 갈등의 원인이 조성되는 환경이 만들어지게 된다. 그리고 의사소통의 단절이나 불만, 가치관 및 지각의 차이와 같은 요소들은 집단들에 의해 어느 정도 조절될 수 있는 갈등원인으로 존재하게 된다.

(2) 부문 간의 상호관계

그들은 수평적인 집단 간의 관계를 통합적 관계와 분배적 관계로 나누고 있다. 통합적 관계에서는 협상이나 정보의 왜곡을 강조한다. 또한 통합적 관계에서는 상호작용이 탄력적이고 개방적이며 타 집단에 대한 태도가 우호적인 데 반하여 부정적이고 회의적이라고 한다. 따라서 분배적 관계에 대한 관리가 필요하다고 주장한다.

(3) 갈등의 관리

갈등의 원인이 존재하고 집단 간의 관계가 갈등의 소지를 갖고 있다고 해도 갈등관계 전략이 성공적으로 수행되면 갈등은 어느 정도 통제 가능한 것이라고 한다.

(4) 집단 간 갈등의 결과

집단 간 갈등은 경쟁, 문제의 은폐, 경직, 불신이나 의구심 같은 결과를 발생시킬 수 있으며 양 집단구성원의 성격이나 갈등관리전략에 따라 긍정적인 결과가 나올 수 있다고 한다.

2) 집단 간 갈등의 과정모형

집단 간 갈등과정모형에 대해서는 앞에서 간단하게 소개한 바 있으나 여기서는 그 내용을 좀 더 자세히 살펴보고자 한다.

슈미트(S. Schmidt)와 코찬(T. Kochan)은 갈등을 갈등과정의 표출적인 행위의 산물이라고 정의하고 갈등과정모형을 제시하였다.[43]

이들은 갈등의 원인이 목표의 비양립성과 공유자원에 대한 상호의존성 증대, 상대방의 행위에 대한 의존성에 있다고 본다. 또는 갈등을 동태적 과정으로 보고 서로 다른 과정에서 방해 행위가 발생하는 세 가지 유형의 갈등을 설명하고 있다. 첫 번째 유형은 <그림 2-1>에서 보는 바와 같이 자원이 공유되는 곳에서 발생하는 갈등이다.

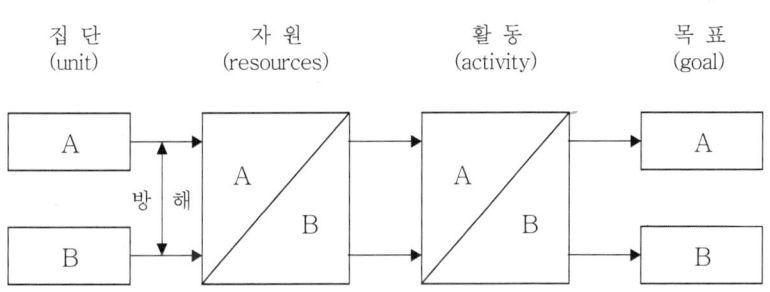

자료: Schmidt, Stuart M. and Thomas A. Kochan,(1972), "conflict: Toward conceptual Clarity". Administrative Science Quarterly, 17권 3호. p.364.

〈그림 2-1〉 자원공유에 의한 갈등과정

예컨대 두 부서가 공동으로 사용하는 회사의 차를 어느 한 부서에서 장시간 사용하여 타 부서에서 차를 사용하지 못함으로써 나타나는 갈등이라고 볼 수 있다.

두 번째 유형은 <그림 2-2>에서 보는 바와 같이 집단 간의 상호

---

43) Stuart M. Schmidt and Thomas a. Kochan, op. cit. pp.359-370.

의존적인 활동이 필요한 곳에서 일어나는 갈등이다.

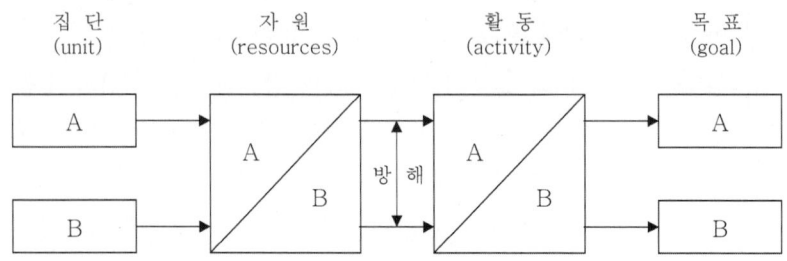

자료: Schmidt, Stuart M. and Thomas A. Kochan, OP. Cit., p.364.

〈그림 2-2〉 상호의존성에 의한 갈등과정

예컨대 총매출액을 달성하기 위하여 충분한 판매사원을 확보하여
야 할 판매부서와, 제때에 충분한 인력을 공급하지 못하는 인사부서
간에서 발생할 수 있는 갈등이다.

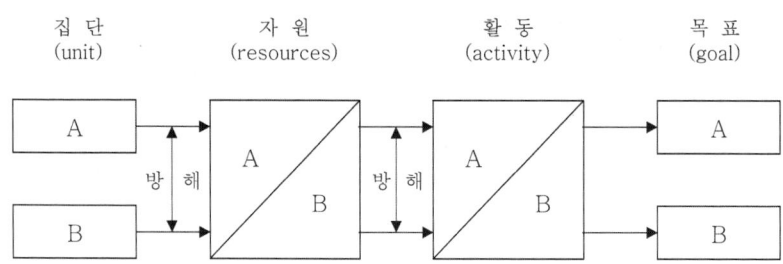

자료: Schmidt, Stuart M. and Thomas A. Kochan, OP. Cit., p.365.

〈그림 2-3〉 자원공유 및 활동 의존성에 의한 갈등과정

세 번째 유형은 <그림 2-3>에 보는 바와 같이 자원의 공유단계와
활동의 상호의존성이 필요한 단계에서 동시에 발생하는 갈등이다.
예컨대 생산부와 판매부가 서로 중요한 자원이나 정보를 제공하지

않고 상대 부서의 목표달성에 필요한 활동을 하지 않는 경우이다. 예를 들면 판매부에서 시장 소비자의 필요사항이나 예상되는 판매량에 대한 예측을 곤란하게 하며, 생산부는 필요한 제품을 제때에 공급하지 않음으로써 판매부의 활동에 차질을 주게 되는 것이다.[44]

3) 집단 간 갈등의 구조모형

구조모형에서는 두 집단의 갈등행위에 영향을 미치는 변수와 그 영향을 설명하는 것을 목적으로 하고 있다. 그러한 변수와 영향을 미치는 상황이 비교적 느린 속도로 변화하므로 이 모형을 구조모형이라고 부른다.

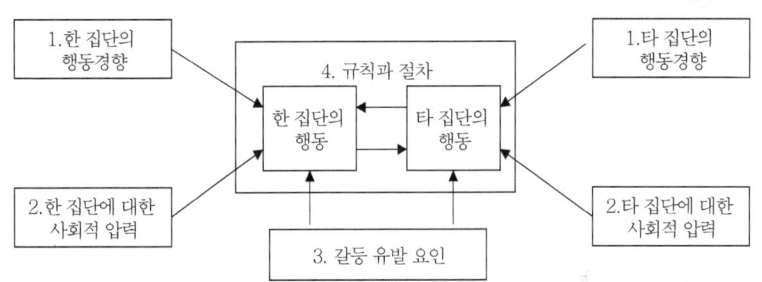

〈그림 2-4〉 두 집단 간 갈등의 구조모형

<그림 2-4>에 나타나 있는 것처럼 구조모형에서는 각 집단(개체)의 행동에 영향을 미치는 요인으로 긱 집단의 행동경향, 사회저 압력, 규칙과 절차, 갈등유발 원인 및 두 집단의 상호작용의 5가지를 들고 있다. 그 자세한 내용을 살펴보면 첫째, 갈등행위를 취하고 있는 두 집단은 그들의 동기와 능력에서 기인한 행동경향, 즉 일정한

44) Robert R. blake, Herbert A. Shepard and Jane S. Mouton(1964), *Managing Intergroup Conflict in Industry*(Houston, Taxas: Gult publishing co.). p.13.

행동양식을 가지고 있다.

둘째, 두 집단은 각각 그들을 둘러싸고 있는 사회적 환경으로부터 유형무형의 압력을 받고 있다. 셋째, 두 집단 모두가 그들 사이의 이해관계 대립 등의 갈등유발 요인에 반응하는 것으로 본다. 마지막으로, 두 집단은 상호작용을 하는데 그 상호작용은 의사결정 방식, 상호협상 절차 및 제3자의 분입 절차 등의 정해진 절차와 규칙의 테두리 안에서 이루어지는 것으로 보고 있다. 이 모형은 갈등상태에 빠진 집단에게 가해지는 제약요인 및 압력 등의 행동의 변화가 생기는 것은 이 요인들의 전체적 통합구조에 변화가 생기기 때문이라고 본다.

앞에서 살펴본 집단 간 갈등의 과정모형과 구조모형은 각각 다른 접근법의 결과이지만 두 모형은 상호보완적이라고 본다.

과정모형은 현재 진행 중인 갈등현상이나 단기적인 갈등현상 분석에 유용하며 구조모형은 조직의 변화에 따른 갈등현상 분석이나 갈등관리 측면에서 유용하다.

4) 집단 간 갈등의 상황모형

블레이크(R. R. Blake), 쉐파드(H Shepard) 및 모우튼(J. S. Mouton)은 갈등에 대하여 집단 간에 가질 수 있는 세 가지의 기본적 자세가 있다고 갈등의 상황을 가정하였다. 즉, ① 갈등이 불가피하고 합의가 불가능한 상황, ② 갈등이 불가피한 것은 아니나 합의가 불가능한 상황, ③ 비록 갈등이 있다고 하더라도 합의는 가능한 상황으로 구분했다.[45]

허시(P. Hersey)와 블랜차드(K. Blanchard)는 이 상황모형을 다소 수정하여 <그림 2-5>와 같이 제시하고 있다.

---

45) P. Hersey and K. H. Blanchard (1977), *Management of Organizational Behavior Utilizion Human Resources*, 3rd. ed.(Englewood Cliffs. N. J.: prentice-Hall, Inc.,), pp.298-299.

상황 1	상황 2	상황 3
갈등이 불가피하고 합의도 불가능	갈등이 불가피한 것이 아니나 합의는 불가능	비록 갈등이 있다고 해도 합의가 가능
승패를 건 힘의 투쟁	퇴 각	문제 해결을 위한 적극적 행동
제3자의 개입	절 연	교섭 및 협상
될대로 되라고 포기함	무관심 혹은 무시	평화공존

능동적 ↑ ↓ 수동적

높은 이해관계 ↑ ↓ 낮은 이해관계

자료: Paul Hersey and K. H. Blanchaed(1977), Management of Organizational Behavior: Utilizing Human Resources(Englewood Cliffs, New Jersey: prentice-Hall), p.298.

〈그림 2-5〉 허시와 블랜챠드의 갈등상황모형

위 그림에서 본 기본적 자세들은 관계된 사람들이 그 갈등에서 오는 이해관계(Stakes)를 어떻게 보느냐에 따라 예측 가능한 행동으로 이어진다.

여기서 말하는 이해관계란 관련된 집단의 구성원들이 갈등의 종결을 중요하다거나 혹은 가치가 있는 것이라고 보는 정도를 말한다.

상황 1의 경우에는 구성원의 행동은 수동적이거나 능동적인 행동 범주의 어디에 속하게 된다. 그런데 이해관계가 낮을 때에는 그들의 행동은 수동적이 되어 무관심하게 된다. 이해관계가 중간 정도일 때는 그러한 갈등상황에서 손을 떼려고 한다. 그리고 이해관계가 높고 그들 자신들이 거기에 포함되어 있다는 것을 알게 되면 그들은 물러가 버린다.

상황 3의 경우에는 이해관계가 낮으면 구성원의 행동은 수동적인 것이 되어 잘못 따위를 덮어두고 평화 공존하려고 한다. 그리고 이해관계가 중간 정도이면 교섭이나 협상을 하려고 한다. 그리고 이 상황모형이 갖는 주요한 의의는 이 모형을 활용하여 잠재적 갈등에 대한 사람들의 태도와 그 갈등에서 오는 이해관계가 어떤 것인가를

알고 있다면 구성원들의 행동을 예측할 수 있다는 점이다. 그리고
어떤 갈등상황에 있는 사람의 행동을 관찰하게 되면 갈등에 대한 그
사람의 기본적 태도를 추측할 수 있다는 것이다.

4. 집단 간 갈등의 관리방안

본 절에서는 조직경영자의 중요한 책임 중 하나인 집단 간 갈등
의 관리방안을 모색하고자 한다.

많은 학자들의 주장을 종합하여 보건대 갈등은 완전히 제거될 수
없거니와, 또한 완전히 제거된다 하더라도 그러한 상태는 심한 갈등
상황보다 조직에 더 유익하지 못하다고 한다. 그러므로 역기능적이
고 비생산적인 결과를 가져오는 집단갈등의 원인은 규모나 횟수 등
을 감소시키도록 하고 순기능적인 결과를 가져오는 집단갈등의 원인
은 오히려 어느 정도 조장하는 기법을 사용하여 조직의 성과를 최적
화하도록 하여야 한다. 그런 의미에서 갈등을 해소하거나 제거한다
는 표현보다는 적정수준으로 관리한다는 표현이 타당할 것이다.

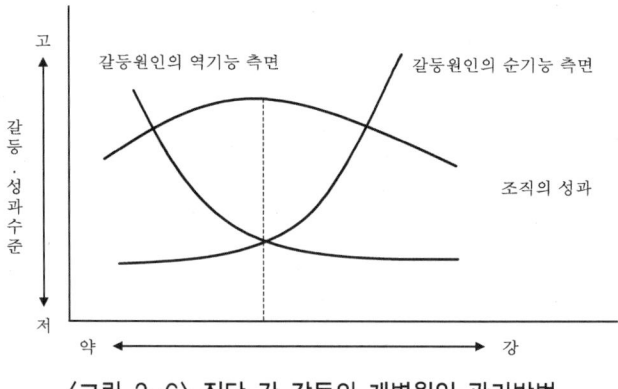

〈그림 2-6〉 집단 간 갈등의 개별원인 관리방법

또한 집단 간 갈등의 개별원인도 조직입장에서 면밀히 분석해 보면 <그림 2-6>과 같이 표현될 수 있을 것이며 이러한 접근방법은 집단 간 갈등의 개별원인에 대한 분석체계만 갖출 수 있다면 유용성이 높은 관리방향을 제시하게 될 것이다. 본 절에서는 집단 간 갈등관리의 기본방향, 역기능적인 집단 간 갈등의 예방과 해소방안, 순기능적인 집단 간 갈등의 조장방안에 대하여 고찰하려고 한다.

1) 집단 간 갈등관리의 기본방향

조직마다 각기 다른 형성배경과 고유의 조직풍토를 지니고 있기 때문에 집단 간 갈등의 양상과 처한 상황이 천차만별일 것이다. 또한 앞에서 언급한 바와 같이 갈등의 양상은 시간이 흐름에 따라 순기능적일 수 있고 역기능적일 수도 있기 때문에 상황적 접근법(situational approach)에 의한 관리방안이 모색되어야 할 것이다.

기존의 연구결과들을 대별해 보면, 첫째, 집단 간 갈등이 발생한 상황에서 원인이나 변수를 변동시키지 않고 집단구성원이 적응하도록 하는 소극적인 방법이 있다. 여기서는 인간관계 개선에 의존하는 기법들이 많다. 둘째, 집단 간 갈등상황에 영향을 미치는 원인과 변수 등을 조직적 차원에서 근본적으로 수정하는 방법이다. 이러한 방법에는 상황적 접근법과 적극적 갈등해소방법 등이 있다. 끝으로, 조직에 대하여 순기능적인 집단 간 갈등을 유지하거나 조장하는 방법이다. 이 방법은 전통적인 견해에서는 찾아볼 수 없으나 최근에 상호작용주의 견해에서 나타나기 시작한 방법이다. 또한 조직경영자가 주체된 입장에서 분류해 볼 수 있는데 경영자가 직접 개입하여 갈등상황을 해결하는 개입적 방법(intervention approach)과 경영자가 회피하거나 방관하면서 관련 집단끼리 스스로 갈등상황을 해결하도록 하는 비개입적 방법(non-intervention approach)이 있다.

2) 역기능적인 집단 간 갈등의 예방방안

어떤 차원에서 발생하는 갈등이라 하더라고 일단 표면화되면 당사자인 집단끼리의 상호작용에 의해 더욱 역기능적 요구는 증폭되게 마련이므로 발전하기 전에 예방하는 것이 중요하다. 여기에서는 특히 leader의 style과 조직구조의 측면에서 언급하기로 한다.

현대조직은 그 특성을 보면 분업이나 전문화 경향이 있는데 이에 따른 상호의존성 문제와 제한된 자원의 배분문제가 발생하고 성과문제가 부수되는 것이 상례이다. 여기에 착안하여 다음과 같은 방법을 제시할 수 있을 것이다.

첫째, 리더(leader)나 경영자가 공평한 태도를 취한다는 것이다. 어느 집단이든지 편애하는 경우가 없어야 조정역할을 할 수 있기 때문이다. 둘째, 조직이 분화될수록 종·횡적인 커뮤니케이션 시스템을 보완하고 상호의존적인 과업은 집단을 분리하지 않고 통합한다. 셋째, 조직 내 집단끼리 갈등을 유발하는 관리목표나 평가제도보다는 외부 조직에 대한 경쟁심리를 가지게 하는 목표를 설정하는 방법 등을 들 수 있을 것이다.

3) 역기능적인 집단 간 갈등의 해소방안

앞에서 언급한 바와 같이 조직의 성과를 높이기 위해서는 조직의 목표에 의해 역기능적이며 비생산적인 집단 간의 갈등은 최소한도로 줄이는 것이 합리적인 방안이 될 것이다. 따라서 기존의 여러 가지 연구에서 집단 간 갈등의 해소와 관련된 내용을 크게 둘로 나누어서 고찰해 보려고 한다.

우선 상황적인 접근법에 가깝다고 판단되는 몇 가지 연구결과에 대해 살펴본 후에 다시 전체적으로 정리할 것이다.

(1) 토마스 모형에 의한 역기능적 집단 간 갈등의 해소방안

토마스는 집단 간 갈등이 발생되는 상황을 2차원적인 각 영역으로 <그림2-7>과 같이 제시하면서 여기에서 집단 간 갈등의 관리 혹은 해소방안을 유도하도록 하고 있다.[46]

어떤 집단이 자기집단의 이해관계에 관심을 가지는 정도에 따라 독단성 차원을 종축으로 하고, 대상 집단의 이해관계에 어느 정도로 관심을 가지는가에 따른 협동성 차원을 횡축으로 하는 2차원에 의한 갈등관리방안을 보여주고 있다. 그의 주장에 따라 경쟁, 순응, 회피, 협력, 타협에 대하여 설명하면 다음과 같다.

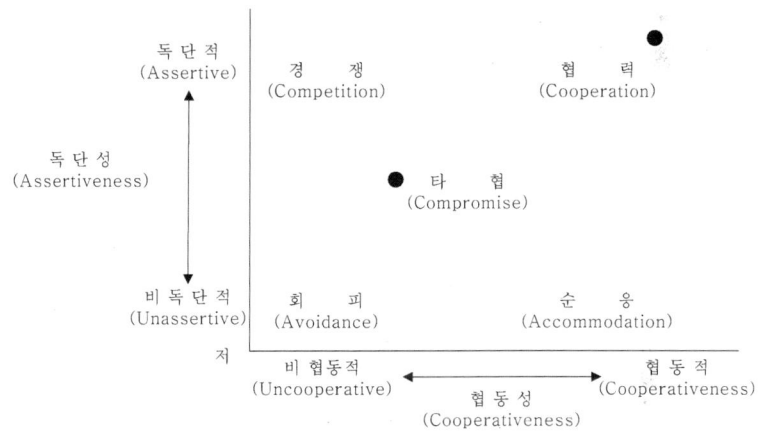

자료: 박영배(2001), 「조직행위론」 법문사, p.501.

〈그림 2-7〉 갈등처리 방향의 제 차원

첫째, 경쟁은 상대의 입장을 전혀 고려하지 않는 승리-패배 전략으로, 어느 한쪽의 승리만 가져오게 되므로 장기적인 관점에서 좋지

---

46) Thomas, K. W., *Conflict and Conflict Management, in Handbook of Industrial and Organizational Psychology* ed. M. D. Dunnette, Skokie, Ill.: Rand McNally, 1976, pp.889-935.

않은 경우라고 한다. 둘째, 순응은 어느 한 집단만이 상대집단에 대해 협동적인 경우로 경쟁과 마찬가지로 승리-패배 전략이 되며 장기적으로는 잠재적 갈등이 상존하는 경우이다. 셋째, 회피는 자기집단은 물론 상대집단에 대한 관심도 없기 때문에 어떤 집단이 경쟁적이라면 회피하는 상대집단은 패배하게 되는 승리-패배 전략이 되며 단기적으로는 부정적인 집단 간 갈등을 늦출 수 있지만 근본적인 해소방안은 될 수 없다. 넷째, 협력은 승리-패배 전략으로 자기집단이나 상대집단 모두의 이해관계에 관심이 있는 경우이다.

토마스는 조직의 집단갈등상황이 앞에서 언급한 경쟁, 순응, 회피 상태라 하더라도 협동적 행위만 유지할 수 있다면 잠재적인 승리-패배 전략의 가능성이 있다고 한다. 끝으로 타협은 한 집단이 어떤 것을 얻기 위해 다른 것의 상당부분을 포기하는 행위로서 반 정도의 승리-패배 혹은 반 정도의 패배-패배 전략이라고 한다. 그는 이 모형을 통해 제 갈등상황에서 협동적 행위를 유지할 수 있는 요인을 찾아내서 관리해야 한다고 하는 집단 간 갈등의 해소방안을 제시하였다고 본다. 다시 말해서 집단 간에 독단적인 행위를 통제하고 협동적인 행위를 강조하여 집단 간의 갈등을 해소시킬 수 있다는 것이다.

(2) 블레이크, 쉐퍼드, 모우튼 모형에 의한 집단 간 갈등의 해소방안

블레이크, 쉐퍼드, 그리고 모우튼에 의하면 사람들이 집단 간의 갈등에 대하여 가질 수 있는 세 가지의 기본적 태도가 있다고 한다.[47] 즉, ① 갈등이 불가피하며 합의도 불가능하다. ② 갈등은 불가피한 것은 아니나 합의는 불가능하다. ③ 비록 갈등이 있다 할지라도 합의는 가능한 것이다. 그런데 이들 기본적 태도로는 관계된 사

47) Blake, R. R. Herbert Shepard and James S. Mouton(1964), "*Managing Intergroup Conflict in Industry*" Houston: Gulf publishing co. p.13.

람들이 그 갈등에서 오는 이해관계를 어떻게 보느냐에 따라 예측 가능한 행동으로 이어진다. 여기서 이해관계란 관계된 사람들이 갈등의 종결을 중요하다거나 혹은 가치가 있는 것이라고 보는 정도를 말한다. 일반적으로 사람들이 갈등이 불가피한 것이고 합의도 불가능하다고 생각하게 되면 그들의 행동은 소극적이거나 매우 적극적인 행동범주의 어디에 속하게 된다. 그런데 이해관계가 낮을 때는 그들의 행동이 수동적이 되어 될 대로 되라는 식으로 갈등에 대하여 행동하게 된다. 그 이해관계가 중간 정도일 때는 그 갈등에 대한 제3자의 판단을 허용하게 된다. 마지막으로 이해관계가 높을 때는 승패를 건 대결이나 힘의 경쟁을 하게 된다.

이와 같이 조직 내의 갈등상황을 판단하고 해소하는 데 모형을 활용하게 되면 다음과 같은 것이 가능할 것이다. 잠재적 갈등에 대한 사람들의 태도와 그 갈등에서 오는 이해관계가 어떤 것인가를 알고 있다면 그 사람의 행동을 예측하고 관리할 수 있을 것이다. 그리고 어떤 갈등상황에 있는 사람의 행동을 관찰하게 되면 갈등에 대한 그 사람의 기본적 태도와 이해관계를 추측하고 관리할 수도 있다는 것이다.

(3) 랜돌프의 역기능적 집단 간 갈등의 해소방안

랜돌프는 집단 간 갈등을 관리하는 방법을 크게 효과적인 관리방안(전략)과 비효과적인 관리방안(전략)으로 나누고, <그림 2-8>과 같이 통합적인 모형으로 설명하고 있다. 그는 효과적인 관리전략을, 조직구조를 변경하는 구조적 접근법, 구성원의 반응을 다루는 과정적 접근법 및 혼합 접근법으로 분류할 수 있다고 하였으며 효과적인 관리전략에는 ① 상황 / 배경 변경, ② 절차 / 규칙 제정, ③ 계층의 갈등 흡수, ④ 이슈 변경, ⑤ 집단 간 관계 변경, ⑥ 인사교체, ⑦ 타협, ⑧ 협력 등과 같은 것들이 있다고 한다.

갈등이 불가피하고 합의도 불가능	갈등이 불가피한 것이 아니나 합의는 불가능	비록 갈등이 있다고 해도 합의가 가능	
승패를 건 힘의 경쟁	퇴 각	문제 해결을 위한 적극적인 행동	높은 이해관계
제3자의 개입	혹 은	교섭 및 협상	중간정도의 이해관계
될 대로 되라고 내버려 둠	무관심 혹은 무시	평화공존 혹은 은폐	낮은 이해관계

적극적 ↕ 소극적

〈그림 2-8〉 갈등에 대한 3가지 기본적 태도와 이해관계가 높아지거나 낮아짐에 따라 나타나는 행동

특히 이 모형은 집단 간 갈등으로 한정한 것은 아니지만 집단 간 갈등을 해소하는 데 적용할 수 있는 중요한 내용들을 상황적으로 설명하고 있다. 또한 그는 <그림 2-9>에서 보는 것처럼 집단 간 갈등을 방관하거나 회피하는 것, 행정적으로 규정된 절차에 떠맡겨 버리는 것, 은폐하거나 권력에 의존해서 명령으로 처리하는 것 등은 비효과적인 전략이라고 주장한다.

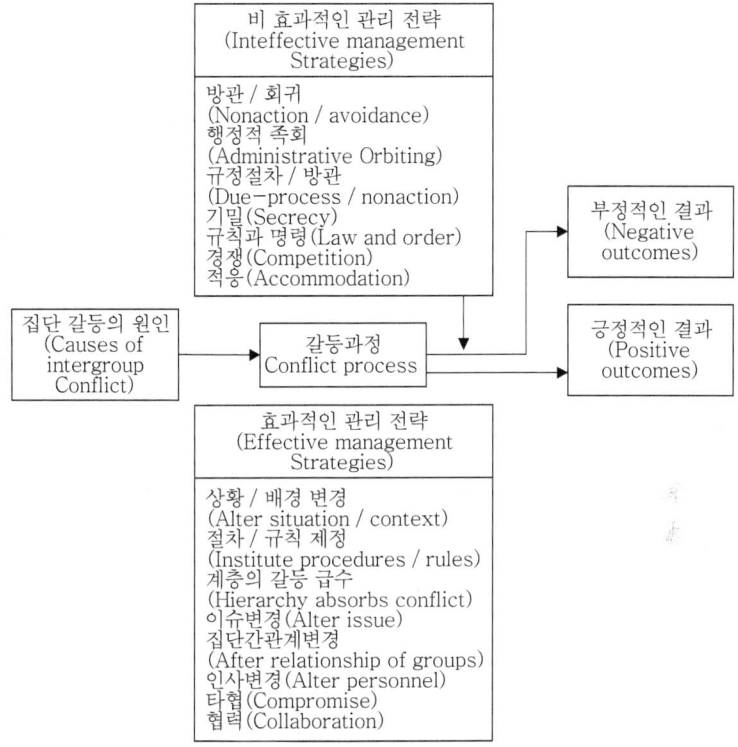

<그림 2-9> 집단 간 갈등의 관리전략
(A Model of Intergroup Conflict: Causes, Process,
Management Strategies and Outcomes)

(4) 로빈스의 갈등해소방안

로빈스는 갈등해소방안으로 다음과 같은 갈등의 제 차원에 적용될
수 있는 내용을 제시하였는데 상황적 접근법은 아니다.[48)]

① 문제해결

갈등을 일으키고 있는 당사자들이 직접 접촉하여 갈등의 원인이

---

48) Robbins, S. P. p.24.

되는 문제를 공동으로 해결하게 하는 방법이 문제해결이다. 당사자
들이 의견을 서로 용납하거나 공동의 노력으로 갈등상황에 적응하기
로 합의하는 것은 문제해결이 아니며 공동의 노력으로 갈등상황을
제거하는 것이 문제해결인 것이다. 당사자들이 협동적인 문제해결
능력을 가지고 있을 때 이 방법은 효율적일 수가 있다.

② 상위목표 제시

갈등을 일으키고 있는 당사자들이 공동으로 추구해야 할 상위목표
를 제시함으로써 갈등을 완화시킬 수 있다. 상위목표는 갈등관계에
있는 행동주체들이 모두 추구해야 하고, 또 추구하기를 원하는 것이
지만 어느 하나의 행동주체가 단독으로는 성취시킬 수 없는 것이다.
공동의 적을 제공하는 방법도 상위목표의 제시와 비슷한 효과를 거
둘 수 있다.

③ 자원의 증대

희소자원의 획득을 위한 경쟁에서 초래되는 갈등을 해소하는 가장
효과적인 방법이라고 할 수 있다. 희소한 자원에 공동적으로 의존하
는 행동주체들이 서로 더 많은 자원을 차지하려고 갈등을 일으킬 때
자원을 늘려 버리면 어느 당사자도 패자가 되지 않고 모두 승자가
될 수 있다. 그러면 갈등은 해소될 것이다.

④ 회 피

회피는 단기적으로 갈등을 완화시킬 수 있는 방법이다. 갈등을 해
결할 수 있는 의사결정을 보류 또는 회피하거나 갈등상황에 처한 당
사자들의 접촉을 피하도록 하는 것, 갈등행동을 억압하는 것 등이
회피의 방법에 포함된다. 회피는 갈등의 원인 또는 갈등상황을 제거
하는 것이 아니므로 적극적인 갈등해소방법이라고 할 수 없다.

⑤ 완 화

완화는 갈등 당사자들의 차이점을 파악하고 유사성이나 공동이익을 강화함으로써 갈등을 해소시켜 보려는 방법이다. 완화는 이견이나 상반되는 이익과 같은 차이를 억압하고 유사성과 공동이익을 전면에 부각시키는 기법이므로 회피방법과 상위목표 제시방법을 혼합한 것이라고 볼 수도 있다.

⑥ 타 협

당사자들의 대립되는 주장을 부분적으로 확보하여 공동의 결정에 도달하도록 하는 방법이 타협이다. 타협에는 당사자 간의 협상과 제3자에 의한 중재가 포함된다. 타협에 의해서 얻어지는 결정은 어느 당사자에게도 최적의 결정이 될 수는 없다. 당사자들의 상반되는 주장을 절충한 것이기 때문이다.

⑦ 상사의 명령

부하들의 의사대립에 의한 갈등을 공식적 권한에 근거한 상사의 명령에 의하여 해소시킬 수 있다. 상사의 명령에 의한 갈등해소는 갈등 당사자 간의 합의를 항상 전제로 하는 것은 아니다. 당사자 가운데 어느 힌쪽이 상사의 결정에 동의하지 않더라도 상사의 정당한 명령에 복종하지 않을 수 없다. 상사의 명령으로 갈등을 해소하는 방법은 타협의 경우와 마찬가지로 갈등의 원인을 제거하지 않고 표면화된 갈등행동만을 해소시키는 것이다.

⑧ 갈등 당사자의 태도개선

갈등을 일으키거나 일으킬 가능성이 있는 사람들의 인간적 변수를 변화시킴으로써 갈등을 예방 또는 해소시킬 수 있다. 당사자의 태도를 바꾸는 방법은 시간과 비용이 많이 드는 방법이다. 단기적인 노력으로 사람들의 태도를 바꾸기는 어렵기 때문이다. 태도변화를 촉진하는 데 쓰이는 주된 수단은 교육훈련이다. 행동과학의 발전과 더불어 개발·보급되고 있는 이른바 실험적 훈련의 기법들이 태도변화 훈련에 많이 쓰이고 있다.

⑨ 구조적 요인의 개편

구조적 요인을 변경하면 갈등을 보다 근본적으로 해소시킬 수 있다. 구조적 요인을 개편하는 방법의 예로서 인사교류, 조정담당직위 또는 기구의 신설, 이의제기 제도의 실시, 갈등을 일으키는 조직단위의 합병, 지위체계의 개편, 업무배분의 변경, 보상체제의 개선 등을 들 수 있다.

지금까지 살펴본 여러 가지 갈등해소방안과 여타 학자들이 주장하고 있는 갈등해소방안을 보면 갈등에 대한 견해와 접근방법의 차이 때문에 다양한 방안들이 제시되고 있다. 중요한 문제는 조직이 처한 상황, 조직의 구조와 풍토 등이 각자 다르기 때문에 해당조직에 적합한 방안을 모색하고 이에 따라 집단갈등을 관리해야 한다는 데 있다.

4) 순기능적인 집단 간 갈등의 조장방안

집단 간 갈등에 있어서도 순기능적인 측면을 인정하는 학자들은 집단 간 갈등을 어느 정도까지는 조장해야 조직의 성과를 높일 수 있다고 한다.

<그림 2-10>에서 보는 것처럼 깁슨은 집단 간 갈등수준이 낮거나 없는 A 상황에서는 집단이 환경변화에 적응력이 순화되고 무사안일 적이며, 침체적 분위기가 되어 집단구성원이 의욕을 상실하게 된다고 하면서 B 상황으로 전환되도록 조장해야 한다고 주장한다.[49]

49) Gibson, J. L. John M. Ivancevich and James H. Donnelly, Jr.(1982), *Organizations*:

　연구자가 조장방안을 일정한 모형으로 제시해 본다면 우선 집단갈
등수준을 높일 수 있는 독립변수를 조직구조 내에서 분석한 다음 특
정집단에 대해 이를 변경시켜 가면서 적정수준으로 근접해 갈 수 있
을 것이다.

　이 둘을 식으로 표현한다면, 집단 간 갈등수준＝f ｛조직구조적 변
수, 조직 과정적 변수 등｝로 나타낼 수 있을 것이다. 조직구조적 변
수에는 목표, 규모, 풍토, 분권적 원인, 리더십스타일(leadership style),
지위 구조, 부문 간 상호의존성, 한정된 자원과 그 배분기회, 의사소
통 등이 있을 수 있고 조직적 변수에는 집단구성원의 행동양식과 관
련된 성격(personality), 인식, 가치관, 개인적 목표 등이 있다고 본다.

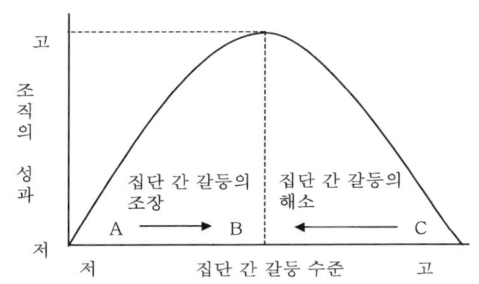

현 황	A	B	C
경쟁수준	낮거나 없음	최 적	높 음
조직에 미치는 영향	역기능적	순기능적	역기능적
심난의 행동	환경변화에 적응력 순화 무사안일적 침체적 의욕상실	환경변화에 신속한 적응력. 창의적, 변화 지향적 활발한 문제해결 행동 적극적 목표달성 행동	혼 란 분 열 상호조정 결여 목적의식 결여
조직의 성과	낮 음	최 대	낮 음

　자료: 강신규 외(2003), 「조직행동론」, 형설, p.479.

〈그림 2-10〉 집단 간 갈등의 수준과 조직성과(조직유효성)

Behavior, Structure, Processes. 4th ed, Plano Texas: Business Publications, Inc. p.209.

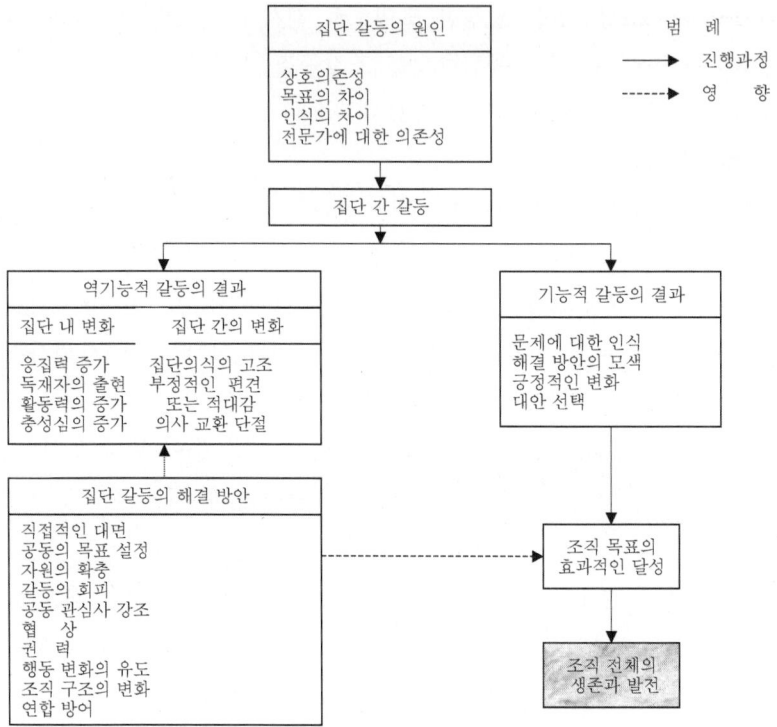

자료: Joho M. Ivancevich & Michael T. Matteson,(1987), Organizational Behavior and
Management, Business, publication Inc., p.319에서 수정 인용

〈그림 2-11〉 집단갈등의 종합모델

제 2 절 조직유효성

현대조직에 있어서 조직이 얼마나 유효한가를 나타내는 조건(con-
dition)을 규명하는 것이 조직연구의 중요한 관건이라고 할 수 있는

데 조직유효성을 연구하는 사람들이 공감하는 것은 조직유효성의 절
대적인 필연성에 비추어볼 때 일관된 체계적인 연구가 아직 이루어
지지 못하고 있으며 또한 이를 평가, 해석, 비교하기 위한 기준마저
도 설정되어 있지 못한 실정에 놓여 있다고 할 수 있다. 카츠와 칸
(Katz D. and Kahn R. L)에 의하면 조직의 유효성에 대한 과거의
많은 정의에서 생산성, 능률, 이직, 결근, 수익성 등을 현시적, 묵시
적, 분석적, 종합적으로 다루며, 그 기준이나 상호관계는 각자의 판
단에 일임되고 있어서 이러한 현상이 중복적이고 모순된다고 지적하
고 있다.[50] 이와 유사한 비판은 죠고플러스와 탄넨바움(Georgopolous
B. S. and Tannenbaum A. S)의 견해에서도 찾아볼 수 있다.[51] 그러
나 전통적 조직이론에서부터 오늘날의 조직연구는 결국 어떤 의미에
서든지 조직유효성을 최대화하고자 하는 데 궁극적인 목적이 있다.
조직유효성의 연구목적은 구체적으로 다음과 같은 이유로 설명된다.

첫째, 조직에 영향을 미치는 요인들의 적절한 조합으로 조직유효
성의 결과가 분석 가능하게 된다.

둘째, 조직이 유효한지 않은지를 식별하기 위해 조직유효성 결정
요인을 이용하며 특정조직이 어느 정도의 유효성을 가지는지를 측정
하고 평가할 수 있게 된다.

셋째, 조직유효성의 분명한 이해를 통하여 조직단체의 본질을 파
악할 수 있게 된다는 점에서 조직연구의 전체를 이루는 것이다.

개방시스템으로서 기업조직을 파악할 때 두 가지 큰 문제가 발생

---

50) R. Steers; *Problems in the Measurement of Organizational Effectiveness,
Administrative Science Quarterly, vol.*20, p.546.
51) B. S. Georgopolous and A. S. Tnannenbaum(1957); *A Study of Organizational
Effectiveness American Sociological Review*, October, pp.534-540. Mason Haire
(1959); *Biological Models and Empirical Histories of the Growth of
Organization, in Mason Haire ed. Mordern Organization Theory,* John Wiely
& Sons, pp.272-305.

되는데 하나는 유지에너지의 최대화 문제이며 다른 하나는 역동적인
관련의 조화상태를 보존하는 문제이다. 이 두 가지의 문제를 해결함
으로써 조직은 존속과 발전을 이룩하여 목적을 달성하는 일이 가능
하게 된다. 즉 어느 조직이 어느 정도 그 목적을 달성하고 있느냐
하는 것은 조직의 유효성에 관한 문제인 것이다.

1. 조직유효성의 정의

조직유효성에 대한 정의와 예측방법은 여러 가지로 발전되어 왔으
나 많은 학자들 간에는 공통된 견해를 갖지 못하고 있다. 이제 여러
학자들이 주장하는 내용을 토대로 조직유효성의 본질을 파악하고자
한다.

아지리스(Argyris C.)는 "동일하거나 또는 절감되는 투입으로 같은
산출을 얻을 때 그 조직체는 유효성이 있다."[52]고 주장하고 시쇼어와
역트만(Seashore S. E. and Yuchtman E.)은 "희소하고 귀중한 자원을
획득하기 위해 환경을 개척하는 조직체의 능력"이라고 정의했다.[53]
페로우와 페닝즈(Perrow G. and Penning J. M)는 "조직체와 환경과의
적합성"으로 조직유효성을 파악했다.[54] 하버스트로(Haberstroh L. J.)
는 "조직유효성은 조직목표의 달성 정도"로 정의하고 있다.[55] 조직유

---

52) C. Argyris(1962); *Interpersonal Competence and Organizational Effectiveness*, Homewood, 1Ⅱ., Irwin-Dorsey, p.123.

53) S. E. Seashore and E. Yuchtman(1967); *Factors Analysis of Organizational Performance*, Administrative Science Quarterly.

54) J. M. Pennings; *The Relevance of the Structural-Contingency Model for Organizational Effectiveness*, Administrative Science Quarterly, vol.20, pp.393-410

55) C. J. Haberstroh; *Organization Design and Systems Analysis*, form James G. March; Handbook of Organization, 1965. by rand Mcnaliy Publishing Company, Chicago, p.171.

효성에 대한 또 다른 견해로는 힉스와 굴렛(Hicks H. G. and Gullett C. R.)의 견해를 들 수 있는데 그들은 "효율적인 조직은 조직을 능가하는 힘을 가지기를 만족해하는 조직"이라고 했다.56)

이러한 내용보다 한 단계 앞서 있는 정의로서 죠고플러스와 탄넨바움(Georgopolous B. S. and Tannenbaum A. S)의 견해 즉 "조직유효성은 사회의 한 시스템으로서의 조직이 그의 수단과 자원을 오용함이 없이, 또한 조직구성원에 대한 부당한 강압을 초래하지 않고 조직의 목표를 달성하는 것"이라고 피력하고 있다.57)

이러한 정의에는 조직유효성의 3가지 기준을 내포하고 있다.

첫째, 조직의 생산성, 둘째, 조직의 내적인 변화와 외부환경 변화에 적절히 적응하는 탄력성, 셋째, 조직구성원과 집단 간의 긴장갈등을 최소화하는 것 등이다.

조직유효성에 대한 모트(Mott P. E.)의 정의는 죠고플러스와 탄넨바움의 견해와 유사하지만 이는 다차원적인 접근을 시도했다는 점에서 약간의 차이가 있다. 그는 "조직유효성을 조직이 행동, 생산, 적응하기 위해 조직력을 발휘하는 능력"이라고 하며 효율적인 조직은 유사한 타 기업보다 더 많이 산출하며, 더 나은 품질의 제품을 생산하며, 조직내부의 문제와 외부환경에 보다 적절히 대응하게 된다고 주장했다.58)

샤인(Schein E. H.)은 "시스템의 유효성이란 그 시스템이 수행하고 있는 특정기능과는 관계없이 그 시스템이 지니고 있는 존속, 순응, 자기유지, 성장의 능력이다."라고 주장하고 있다.

---

56) H. G. Hicks and C. R. Gullet(1976); *The Management of Organizations*, 3rd ed. New York McGraw Hill, p.352.

57) B. S. Georgopolous and A. S. Tnannenbaum(1957); *A Study of Organizational Effectiveness American Sociological Review,* October, p.540.

58) P. E. Mott(1972); *The Characteristics of Effective Organizations*, New York, Harper & Row, p.17.

프라이스(Price J. L.)는 조직유효성을 '목표달성도'라고 정의하고 이 목표란 "조직의 현실의 활동방침을 통해서 추구하는 목표를 의미하여 조직이 현재 실행하려하고 있는 것"이라고 하였다.[59]

이상의 여러 견해를 통하여 조직유효성의 개념을 다음과 같이 정의할 수 있겠다.

조직은 개방시스템이라는 것을 그 출발점으로 하고 있는 이상 유효성의 기본적 내용으로서 첫째, '외적 환경에의 적응'이 있는데 조직의 형편에 맞도록 그 환경을 바꾸는 행동과 환경에 조직을 맞추어 가는 행동이 있을 수 있다. 그 어느 행동을 취하든지 어느 시점에서의 적절한 행동을 위해서는 환경으로부터의 정보의 정확한 파악과 그 정보관련 하위시스템에의 신속한 전달과 재통합이 전제가 될 것이다. 기술혁신, 문화적 요소, 사회, 경제적 정세 등의 요인이 직접 큰 의미를 갖게 된다. 또 두 번째 내용은 "내부구조의 안정과 유지이다."

개방시스템은 외부에너지의 투입으로 내부의 형태와 질서를 결정적으로 와해시키지 못하도록 안정된 항상성(homeostatic)의 상태를 유지하지 않으면 안 된다. 한편 조직구성원의 지각된 직무성과, 동기유발, 리더십 등의 제 요인을 중요한 영향요인으로 볼 수 있으며, 따라서 조직은 적절한 의사결정, 변화의 수용, 내부갈등의 최소화 내지 해결 등의 요인을 충분히 고려하지 않으면 안 된다.

2. 조직유효성의 성격

조직의 성과나 결과를 평가하기 위한 조직유효성의 기준을 설정하고 각 이론 간의 합의점을 발견하려는 노력이 지속되어 왔으며 조직

---

59) J. L. Price(1968); *Organizational Effectiveness, An Inventory of Propositions*, Irwin.

의 성과 정도를 나타내는 지침으로서의 조직유효성은 대체로 다음과
같은 속성을 지니고 있다. 첫째, 조직유효성은 개념(concept)이 아니
라 구성개념(construct)이라는 속성이 있다.60) 둘째, 조직유효성은 다
차원적인 접근으로 설명된다. 조직은 일반적으로 복수의 영역 내에
서 존재하고 운영되는데 조직의 여러 영역의 이해관계는 그 성격이
다르다. 그러므로 조직은 제한된 수의 영역에서 유효할 수밖에 없
다.61) 셋째, 조직유효성은 조직을 떠나서는 설명될 수 없다. 조직개
념화의 변화는 조직이론 발전의 중심이 되며, 궁극적인 종속변수를
능률로 생각한 조직이론의 초기에서부터 더욱 복잡하여졌지만 조직
개념화의 가치는 그 조직현상에 대한 정확한 면보다는 그 자체의 완
전성을 토대로 판단되었다. 이러한 현상은 조직유효성 이론의 성과
와 수준에 비추어 볼 때 이러한 관점은 유사성을 지니고 있다고 할
수 있을 것이다.

3. 조직유효성의 접근방법

1) 통합적 접근방법과 차별적 접근방법

조직유효성의 이론적 기초는 먼저 통합적 접근방법과 차별적 접근
방법으로 설명될 수 있다. 통합적 접근방법은 의미 있는 현시적 특
성을 가진다.

---

60) J. P. Canpbell(1976); *Contributions Research Can Make in Understanding Organizational Effectiveness,* in S. L. Spray(ed.), Organizational Effectiveness, Kent, oh. Kent. State Univ. press, pp.30-32.

61) J. M. Pennings and P. S. Goodman(1977); *Toward a Workable Franework,* in P. S. Goodman & J. M. Pennings(eds.), New Perpectives on Organizational Effectiveness, San Francisco, Jo ssey Bass, pp.146-184.

첫째, 카츠와 칸(Katz D. and Kahn R. L.)에 의해 개발된 시스템개념은 조직유효성을 시스템개념으로 파악한다.[62]

이 개념에 입각한 모델은 다음과 같다.

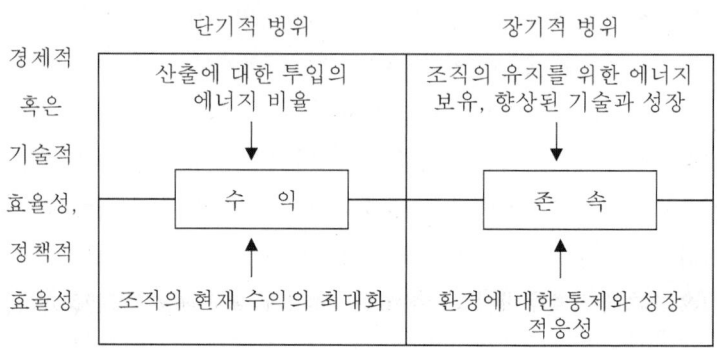

자료: Katz D. and Kahn R. L.(1966); *The Social psychology of Organizations*, New York, John Wiley & Sons, p.166.

〈그림 2-12〉 조직유효성의 시스템모델

위의 그림에서 정책적 유효성은 무형적인 것이지만 모델에서 상당히 중요한 역할을 하며, 다양한 외부집단과 조직구성원과의 유리한 교섭으로 구성된다. 단기적인 관점에서는 모든 투입을 산출로 환원하고 조직구성원과 외부집단 간의 우호적인 교섭을 통하여 조직을 최대화하도록 집중한다.

장기적인 차원에서는 일부 에너지를 증진된 기술과 성장을 통해 그의 효율성을 높여 조직을 존속시키려 한다.[63]

---

62) D. Kstz and R. L. Kahn(1966); *The Social Psychology of Organizations*, New York, John Wiley & Sons, p.166.

63) G. F. Wieland and R. A. Hibrich(1976); *Organizations Behavior, Design, and Change, Homewood.* 1Ⅱ, Richard E. Irwin, pp.196-201.

둘째, 역트만과 시쇼어(Yuchtman E. and Seashore S. E.)에 의해 개발된 시스템자원개념(resource concept)인데[64] 그들은 조직 환경을 개발하기 위한 교섭의 상태로 파악하였다. 조직유효성이 단지 목표 지향적이고 수단이 배제된다면 이들의 정의는 조직유효성의 단편적 인 것에 그치고 만다.

다양한 목표 지향적 변수뿐만 아니라 필요자원을 내포하고 있는 헬사벡(Helsabeck R. E.)의 기준이 더욱 함축적이고 의미 있는 개념 으로 판단된다.

셋째, 적응-대응 사이클로서 샤인(Schein E. H.)이 조직유효성을 파악한 개념이다.[65] 그에 의하면 적응-대응 사이클에는 6개의 기본 적인 단계가 있는데 ① 내부 혹은 외부환경의 변화를 감지하고 ② 조직이 행동해야만 하는 부분에 그러한 변화와 관련된 정보를 획득 및 전환한다. ③ 획득한 정보를 기초로 조직에 적절하도록 수정한다. ④ 그러한 변화로 인한 바람직하지 않은 면을 최소화함으로써 내부 적인 변화를 안정시켜야 한다. ⑤ 수정된 제품 혹은 서비스를 받아 들임으로써 환경으로부터 피드백을 얻는다.

넷째, 캐프로우(Caplow T.)는 SIVA 모델을 제시하였다.[66] SIVA는 이 모델의 네 가지 변수에 대한 약어이다. 안정성(stability)은 조직이 현 상태를 유지하거나 그 이상의 정도를 확보하는 능력을 말하는 것 으로 안정성의 증가는 조직이 자기의 행동계획을 실행하는 능력의 증대를 의미하고 있다.

통합성(integration)은 조직 내의 상호관계를 유지하는 능력이며, 내

---

64) E. Yuchtman and S. E. Seashore(1987); *A System Approch to Organizational Effectiveness,* American Sociological Review, Desember, p.898.
65) E. H. Schein(1970), *Organization Psychology*, 2nd ed. Englewood Cliffs, N. J. Prentice-Hall.
66) T. Caplow(1964); *Principles of Organization,* New York, Harcount, Brace & World.

부에서 생기는 갈등을 통제하는 능력이다. 자발성(Voluntary)은 조직
구성원에게 만족을 제공하여 조직에 계속해서 남아 있으려는 의욕을
주는 능력이며 성취도(achievement)는 조직 활동의 결과이다.

다섯째, 깁슨과 이반세비치 그리고 돈넬리(Gibson J. L., Ivancevich
J. M. and Donnelly J. H.)에 의해 제창된 시간적 차원의 모델은 <그
림 2-13>에 나타나 있다.[67]

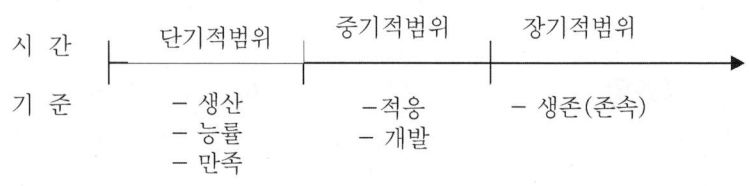

자료: Gibson J. L. Ivancevich J. M. and Donnelly Jr. J. H.(1976); *Organizations*:
Behavior, Structure, processes. Rev. ed. Dallas, Business Publications, p.65.

〈그림 2-13〉 조직유효성의 시간적 차원모델

차별적 접근방법은 조직의 부분적인 면을 기초로 조직유효성을 나
타낸다.

여러 학자들에 의해 주장된 견해를 보면, 먼저 리커트(Likert R.)의
인적자원회계(human assets accounting)를 들 수 있다.[68]

기술은 전적으로 무시되고 경영은 인적자원의 가치를 증가시키는
간접적인 과정의 일부로 보며 오직 인적자원만이 조직의 가치를 증

---

67) J. L. Gibson, J. M. Ivancevich and J. H. Donnelly Jr.(1976);*Organizations*:
   Behavior, Structure, Processes. Rev. ed. Dallas, Business Publications, p.65.
68) R. Likert(1967); *The Human Organization*: Its Management and Value, New
   York, Mcgraw Hill, p.148.

가시키는 것으로 파악했다. 두 번째 개념은 인간의 정신건강도의 기준을 채용해서 베니스(Bennis W. G.)는 조직건전성 개념을 강조했다. 조직이 건전한지 아닌지는 변화에 대처하는 능력에 의해 좌우된다. 건강도의 정도를 파악하는 기준은 적응성(adaptability)과 조직의 정체성(a sense of organizational identity) 및 현실인지능력(capacity to test reality) 등이다.

셋째, 로레스(Lawless D. J.)는 조직 내의 보다 차별적인 개념을 개발했다. 그의 모델은 원칙적으로 맥그리거(McGregor D. M.)의 '효과집단의 특성'에 기초하고 있다. 로레스(Lawless D. J.)에 의하면 개인적 유효성은 집단유효성을 결정하며, 또 집단유효성은 조직유효성에 의해 결정된다. 즉 조직유효성에 영향을 미치는 변수는 개인 혹은 집단수준의 변수들에 의해 직접적 또는 간접적으로 영향을 받는다. 그의 모델은 다음과 같다.[69]

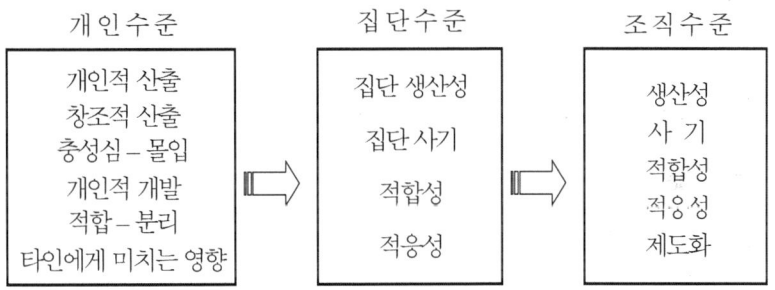

자료: Lawless D. J.(1972); *Effective Management: Social psychological Approach,*
Englewood Cliffs, New Jersey, Prentice Hall, Inc. p.397.

〈그림 2-14〉 조직유효성의 수준

---

69) D. J. Lawless(1972); *Effective Management: Social psychological Approach,*
Englewood Cliffs, New Jersey, Prentice Hall, Inc., p.397.

2) 목표 지향적 접근방법

목표 지향적 접근방법은 전통적인 접근방법으로서 조직이 추구하여야 할 목표의 개념화에 입각한 것이다. 조직은 궁극적인 목표를 지니고 있으며 그러한 목표는 경험적으로 확인할 수 있고 그 성공도는 예측이 가능하다는 것을 전제로 하는 접근방법이다. 조직은 주어진 목표를 달성하기 위한 합리적 도구라고 보는 견해에 원칙적인 근거를 두고 있으며 목표가 조직의 성공여부를 판단하는 기준으로서 절대적인 중요성을 지닌다.[70]

전형적인 목표 지향적 접근방법은 조직평가의 기준으로 채택되는 목표가 공식적으로 표방된 생산목표이다. 이것은 목표 지향적 접근방법에서 주장하는 가장 강력한 내용인 동시에 이를 비판하는 자들의 초점이 되고 있다.

카츠와 칸(Katz D. and Kahn R. L)은 리더에 의하여 인식되는 조직의 첫째 사명은 고도로 유익한 단서를 마련하여 준다는 것인데 리더에 의하여 주어지는 명기된 조직의 목적은 오도될 수 있다. 그러한 목적의 서술은 이념화되고 조직기능의 일부 기본적 양상을 왜곡, 누락하거나 은폐하기도 한다는 것이다. 에치오니(Etzioni A.)에 의하면 목표 지향 모델은 탐구자의 가치를 개입하지 않고 판단의 기준으로서는 연구과제의 가치를 적용하기 때문에 객관적이고 신뢰할 수 있다고 생각하는 것이라고 한다. 그러나 이 모델은 방법론적인 결함이 있다고 생각하는 것처럼 객관적이지 못하다는 것이다.[71] 또 스타벅(Starbuck W. H.)에 의한 비판과도 같이 이상적 상태로서의 목표는 현실적 평가의 가능성이 없고 사회적 시스템으로서의 조직의 외부에서 생긴 문화적 실체인 목표는 임의로 조직 자체의 특성으로서 귀속

---

70) D. F. Drucke(1954)r: *The Practice of Management,* Harper & Row, New York.
71) A. Etzioni(1960); *Two Approaches to Organizational Analysis*: A Critique and Suggestion, Administrative Science Quarterly, September, pp.267-278.

시킬 수 없다는 것[72])이 목표 지향적 접근방법의 결함이라고 하겠다.

3) 다원적 관계자 접근방법

전통적 접근방법인 목표 지향성 접근방법과는 달리 1970년대 후반에 이르러 새로운 접근방법이 출현했는데 다원적 관계자 접근방법이 그것이다.

코널리(Connolly T.)와 그의 동료에 의하면 목표 지향적 접근방법과는 일면에 있어 전혀 상이한 국면에 초점을 두고 있기는 하나 결정적으로 중요한 가정을 공유하고 있다고 분석한다.[73]) 즉 단일기준에 의한 가정이 비현실적이며 문제해결이 되지 않는다고 말하고 그것이 수정되어야 할 것을 적극적으로 주장한다.

다원적 관계자 접근방법이 주장하는 유효성의 견해는 다수의 상이한 유효성의 표현이 대상조직에 대해 결정될 수 있으며 그것은 조직의 관계자라 볼 수 있는 다양한 개인, 집단에 의한 복수의 기준을 반영하는 것이어야 한다고 주장했다. 여기서 관계자라는 것은 조직참가자의 개념보다도 훨씬 광의의 것이며 조직체와 직접적인 공헌, 분배관계를 갖는 개인 또는 집단이라든가, 심지어는 기업의 폐기물 처리에 대해 소송을 제기한 환경보호단체 등 적극적 이해관계자들까지도 포함하는 개념인 것이며 이러한 상황에서 조직체의 내부적 특정기준, 즉 수익성 등만을 일방적으로 제시하는 것은 독단적이라고 주장하는 것이다.

---

72) W. H. Starbuck(1965); *Organizational Growth and Development*, in James G. March ed. Handbook of Organizations, Rand McNally Chicago, p.465

73) T. Connolly, E, J. Conlon and S. J. Deutsch(1980); *Organizational Effectiveness*: A Multiple-Contingency Approach, Academy of Management Review, vol.5, p.212.

4. 조직유효성의 평가기준

조직유효성을 측정하는 기준에는 타당성을 중시하는 규범적 연구와 목표에 초점을 두는 기술적 연구가 있다.

1) 규범적 연구

죠고플러스와 탄넨바움(Georgopolous B. S. and Tannenbaum A. S)은 조직효율성의 기준을 다음과 같이 세 가지로 설정하였다.

첫째, 높은 산출(high out-put)은 질적인 면에서든지 양적인 면에서든지 조직이 계획했던 목표를 얼마나 달성했는가에 관한 것이다. 둘째, 내부적 및 외부적 변화에 동화하는 능력이다. 셋째, 조직의 자원, 즉 인적자원과 물적 자원의 보존 등이다.

이러한 3요소는 곧 생산성, 유연성, 그리고 조직긴장의 해소로 볼 수 있다.

프리드랜더와 피클(Fridlander F. and Fickle E.)은 종업원의 수가 4명에서 40여 명이 되는 소매업, 도매업, 그리고 제조업의 97개 소규모 업체를 통하여 조직유효성의 기준을 설정했는데 그것은 ① 수익성, ② 종업원의 만족도, ③ 사회적 가치 등의 3가지를 들고 있다.[74]

시쇼어와 역트만(Seashore S. E. and Yuchtman E.)은 11년간 75개 생명보험사의 경영성과를 조사한 자료를 토대로 연구함으로써, 프리드랜더와 피클(Fridlander F. and Fickle E.)의 연구보다 표본이 다소 대규모라는 것이 특징이다. 이들은 다소 복잡한 개념적 프레임웍을 가지며 조직유효성의 주요결정기준으로 ① 환경으로부터 부족하고 가치 있는 자원의 성공적인 획득과 ② 환경을 통제할 수 있는 조직

---

74) F, Friender and H. Pickle(1968); *Components of Organizational Effectiveness*, Administrative Science Quarterly, September, p.298.,

의 능력 등으로 주장하고 있다.[75]

모트(Mott P. E.)는 조직유효성에 대한 자신의 모델을 검증하기 위해서 정부기관과 병원조직을 매우 함축적으로 연구하였고 조직유효성의 기준으로는 ① 생산성 ② 적응성 그리고 ③ 유연성을 내세우고 있다.

여기서는 조직이 추구하는 목적보다는 실제적인 작업과정에 초점을 맞추고 있다.

차일드(Child J.)의 연구는 영국의 6개 산업 중 80여 회사에 대한 광범위한 것이었고 이를 통해 가장 효율적인 기업은 가장 높은 판매수익을 올린다는 결과를 얻었다. 여기서 조직의 유효성은 수익성과 성장으로 파악했다. 동시에 소위 상황변수, 즉 환경, 규범, 기술을 고려하였다.[76]

코헨과 콜린스(Cohen M. and Collins J. N)는 높은 사기, 적응성, 개방성, 제도화 등을 조직유효성의 측정기준으로 보았다.[77]

2) 기술적 연구

콤레이, 피프너와 빔(Comrey A. L. Pfiffner J. A. and Beem H. P.)은 미국의 산림청 감독자 및 비감독자에게 설문지를 배포한 뒤 보다 효율적인 조직은 그들 종업원들과 민주적인 방법으로 임무를 수행한다는 것을 발견했다. 그들의 결과에 의하면 감독자-종업원 사이의 관계성에 따라 조직성과의 차이가 있다고 했다.[78]

---

75) S. E. Seashore and E. Yuchtman; op. cit. pp.377-395.
76) John Chile(1974); *Managerial and Organizational Factors Associated with Company Performance-part Ⅰ, Journal of Management Studies,* October, pp.175-189
77) M. Cohen and J. N. Collins(1976); *Some Correlates of Organizational Effectiveness, in Readings in Organizations*: Behavior, Structure, Processes, Rev. ed. J. L. Gibson, J. M. Ivancevich and J. H. Donnelly Jr. Dallas, Business Publications, p.49.
78) A. L. Comrey, J. A. Pfiffner, and H. P. Beem(1952); *Factors Influencing*

마호니(Mahoney T. A.)는 조직유효성의 기준이 규범적인 것보다 더욱 의미 있는 것을 주장했다. 그에 의하면 조직유효성을 평가하는 단일의 기준을 설정하기는 어렵고 대개 효율적 성과, 상호협조, 인사관리의 유용화, 계획적인 성과지향 등을 서로 연관하여 조직유효성을 평가하였다.[79]

웨이첼, 마호니 그리고 크랜달(Weitzel W., Mahoney T. A. and Crandall N. F.)의 연구에서는 감독자의 효율성을 평가하는 가장 중요한 기준으로 생산성을 들고 있다.[80]

웹(Webb R. J.)이 내세운 조직유효성의 기준으로는 첫째, 조직의 구성원들 간에 긍정적인 작업관계성, 즉 응집력이 중요한 기준이며 둘째, 의도된 결과를 이루는 데 있어서 소요되는 시간, 노력, 비용의 낭비를 방지하는 효율성 셋째, 조직유효성의 다른 부분에 영향을 미치지 않고 변화에 대응하는 적응력 넷째, 조직에 적극적으로 헌신하려는 지지도 등이다.[81]

프라이스(Price J. L.)의 조직유효성 기준에 관한 연구는 거의 모범적인 것으로 간주되고 있다. 그의 주장에 의하면 조직유효성의 기준에는 ① 생산성 ② 적합성 ③ 사기 ④ 적응성 ⑤ 제도화라고 했다. 이러한 기준들은 조직 내의 경제적 시스템과 조직 내의 정책적 시스템, 조직 내의 통제시스템 및 조직의 구성원과 그의 이동에 의해 영향을 받는다.

조직유효성 기준에 관한 규범적 연구와 기술적 연구는 조직성과를

Organizational Effectiveness, Personnel Psychology, Winter. pp.327-328.

79) T. A. Mahoney(1967); *Managemental Perceptions of Organizational Effectiveness, Management Science,* October, p.88.

80) W. Weitzel, T. A. Mahoney and N. F. Crandall(1971); *A Supervisory View of Unit Effectiveness, California Management* Review Summer, p.38.

81) R. J. Webb(1974), *Organizational Effectiveness and the Voluntary Organization Academy of Management Journal,* December, p.672.

평가하는 데 사용된 변수들의 차이를 간과할 수 없다.

　스티어즈(Steers R. M.)는 1957년에서 1974년까지 실시된 연구를 정리하여 평가기준의 내용을 조사하였다. 조사대상은 17개의 모델을 표본으로 이용했다.

〈표 2-3〉 조직유효성의 17개 모델에서 평가기준의 출현빈도

평 가 기 준	출현빈도(N =17)
○ 적응성 – 유연성	10
○ 생 산 성	6
○ 만　　족	5
○ 수 익 성	3
○ 자원획득	3
○ 긴장해소	2
○ 환경통제	2
○ 개　　발	2
○ 능　　률	2
○ 종업원의 정착성	2
○ 성　　장	2
○ 통　　합	2
○ 개방적 의사소통	2
○ 존　　속	2
○ 기타 의견	1

자료: R. S. Steers; op. cit.

　스티어즈(Steers R. M.)의 연구에서 나타난 유효성 평가기준의 내용과 출현빈도는 <표 2-3>과 같다. 여러 모델의 평가기준에서 적응성–유연성이 가장 빈번히 언급되고 그다음이 생산성과 만족의 요소이다. 특히 적응성–유연성은 모델의 절반 이상이 평가기준으로 꼽고 있다.

3) 조직유효성 측정의 문제

조직유효성을 측정하기 위한 여러 모델에서 서로 일치되는 점이 부족하며 이로 인해 조직유효성의 구성개념을 도출하기가 어렵다. 이러한 조직유효성이 내포하고 있는 몇 가지 문제점에 대한 우리의 이해가 조직유효성의 측정에 도움이 될 것으로 본다.

첫째, 구성개념은 확고한 현상이라기보다는 추상적인 개념인데 통일된 전체로 통합되거나 일치된 여러 변수의 가정에 기초하고 있다. 그런데 유효성의 기준을 설정하는 데 학자들 간의 일치가 결여되어 있다.

둘째, 평가기준은 시간의 경과에 따라 비교적 불안정하다. 즉 한 시점에서의 조직유효성 평가기준은 후에 부적절하거나 오도될 수 있다는 것이다. 양호한 경제여건하에서는 자본유동성이 더욱 문제가 되어 고투자는 자산으로부터 부채로 변할지도 모른다. 이러한 상황에서 그러한 기준은 안정된 유효성의 지표가 될 수 없다.

셋째, 깁슨과 이반세비치 그리고 돈넬리(Gibson J. L., Ivancevich J. M. and Donnelly J. H.)는 시간적 차원에 따른 차별적 기준을 주장했지만 시간적 차원에 대한 유효한 모델은 아직 미흡한 편이다.

넷째, 조직유효성의 기준이 다원적이라는 것은 하나의 큰 장점이지만 한편으로는 서로 간의 갈등을 유발시킬 수 있다.

다섯째, 조직유효성의 측정에서 정확하고 일관성 있게 개념을 수량화하는 것이 전제된다. 그러나 그러한 수량화는 개념의 방대성과 복잡성 때문에 어려운 과정이다. 일예로 "성과 혹은 만족을 어떻게 정확히 측정할 것인가?"이다.

여섯째, 하나의 평가기준을 다른 조직에 어떻게 일반화시킬 것인가 하는 문제가 있다. 대기업에서는 유효성의 평가기준으로 수익성이나 시장점유율 등이 될 수도 있지만 비영리단체나 공동단체에서는 이것들을 평가기준으로 삼기는 어렵다.

일곱째, 조직유효성의 모델선정이 어떠한 목적을 달성하며, 미래행위에 대하여 어떤 지침을 제공하는가 하는 문제점을 고려하지 않을 수 없다.

카츠와 칸(Katz D. and Kahn R. L.)에 의하면 조직유효성의 개념이 역할수행, 의사결정 과정, 커뮤니케이션 패턴, 리더십스타일 등과 같은 중요한 요소들과 관련을 지우는 데 모델설정이 공헌한 바 있다고 했다.

여덟째, 조직이 거시적 차원에서 유효성을 파악하고자 할 때 조직유효성과 구성원행위 간에 통합성이 무시될 수 있다. 이러한 모델설정에서 간과하기 쉬운 부문에 배려를 아끼지 말아야겠다.[82]

제 3 절 조직유효성지표로서의 직무만족, 조직몰입

1. 직무만족

1) 개 념

직무(job)란 직책에 따라 부과되어 지속적으로 수행되는 업무를 말하며, 만족은 선택된 대체 안에 관해서 선택자의 신념과 어느 정도 일치하고 있는지에 대한 평가에 의해 결정된다.

직무만족(job satisfaction)에 관한 고전적인 연구의 대표자인 호포크 (R. Hoppock)는 직무만족이란 "조직구성원들의 심리적, 생리적,

---

82) R. S. Steers and L. W. Porter(1974): *The Role of Task Goal Aitributes in Employee Performance,* Psychological Bullutin, pp.434-452.

환경적 상황의 결합상태"[83]라고 정의하였다. 스미스(H. C. Smith)는 직무만족을 "각 개인이 자기직무와 관련하여 경험하는 모든 감정의 총화, 또는 호악감(好惡感)의 균형상태에서 좌우되는 태도"[84]라고 정의하고 있다. 즉, 직무만족을 직무에 대한 호악감이라고 하는 감정과 태도와의 관련성으로 나타내고 있다.

맥코믹(E. J. McCormick)은 직무만족을 "직무를 통해 얻거나, 또는 경험하는 욕구만족(need satisfaction)의 정도의 함수"[85]라고 정의함으로써 직무만족은 욕구 및 가치 등과 관련되어 있는 것으로 보고 있다.

베티(R. W. Beatty)는 록크의 정의를 인용해서 직무만족은 "종업원이 직무가치를 달성하고 촉진시키는 것으로서 개인별로 직무평가에서 얻는 유쾌한 정서적 상태(pleasurable emotional state)"[86]라고 정의하고 있다. 이는 행동과 활동의 개념보다는 감정적 개념(emotional concept)으로 이해되어야 한다. 그 외의 여러 학자들의 직무만족에 대한 정의는 <표 2-4>에서 보는 바와 같다.

〈표 2-4〉 직무만족에 대한 제 학자들의 정의

학 자	직무만족에 대한 정의
L. W. Porter(1962)	조직구성원들이 자기가 맡은 직무에 대하여 만족하는 정도
R. Katzell(1964)	실제의 양과 어떤 바라던 결과의 양의 차이
P. C. Smith et al.(1972)	직무에 대한 조직구성원들이 가지고 있는 감정

83) R. Hoppock(1935), *Job Satisfaction*, N. Y. John Wiley & Sons, p.135.
84) H. C. Smith(1955), *Psychology of Industrial Behavior*, N. Y. McGraw-Hill Book co. Inc. pp.114-115.
85) E. J. McCormick & J. Tiflin(1974), *"Industrial Psychology, 6th ed"*, (Engle-Wood Cliffs, N. J.: Prentice-Hall), pp.298-299.
86) R. W. Beatty & C. E. Schnier(1981), *"Personnel Administration: An Experimental / Skill-Bulding Approach, 2nd ed"*, Addison-Wesley Publishing Company, pp.392-393.

제 2 장 이론적 고찰 75

학 자	직무만족에 대한 정의
E. A. Locke(1976)	개인이 자신의 직무와 직무경험을 통하여 즐거움을 얻은 유쾌한 감정상태
C. Alderfer(1972)	한 개인이 직무에 대하여 가지는 일련의 태도이며 직무 또는 직무수행 결과로 충족되는 유쾌하고 긍정적인 정서상태
R. P. Quinn et al.(1979)	직무에 대한 애정적인 반응
E. S. McCormic et al.(1980)	한 개인이 자신의 직무에 대하여 가지고 있는 일련의 태도
J. L. Price et al.(1988)	사회체제 내의 구성원들이 체제 내의 조직 참여자로서 가지는 긍정적 지향

자료: 정효현(2001), 갈등관리전략에 관한연구, 고려대학교 대학원 박사학위 논문, p.51.

이러한 견해를 종합해 보면 조직행동 측면에서 직무만족이란 "조직 구성원의 태도, 가치, 신념 및 욕구 등의 수준이나 차원에 따라 구성원이 직무와 관련시켜서 갖게 되는 감정적 상태"라고 정의할 수 있다.

2) 영향요인

구성원들이 직무만족에 영향을 미치는 요인은 여러 학자들마다 주장하는 요소들이 서로 다르다. 이는 조직이 처해 있는 상황이나 조직구성원들의 개인적 특성이 서로 다른 것에 기인한다고 본다.

추 헌의 직무만족의 다섯 가지 차원[87]을 보면, 첫째, 직무로서 흥미, 다양성, 학습기회, 난이도, 업무량, 장래성, 작업조건(장비, 온·습도, 공기) 등이 포함된다. 둘째, 보상으로서 급여수준, 공정타당성, 지급방법, 부가급여(연금, 의료혜택, 유급휴가, 휴식처), 공로인정(업적, 신뢰, 평가)이 포함된다. 셋째, 승진으로서 승진의 기회, 공정성 기준 등이 포함된다. 넷째, 감독으로서 감독유형, 기술적·인간적 관계, 감독기술이 포함된다, 다섯째, 동료관계로서 신의, 협조도, 친근감이 포함된다.

---

87) 추헌(1994), 「조직행동론」, 형설, p.609

<표 2-5> 직무만족에 영향을 미치는 요인

학 자	요 인
D. C. Jorgenson(1942)	안전, 승진, 일의 종류, 조직, 동료, 봉급, 상관, 직무시간, 근무조건, 편익
F. Herzberg(1966)	구성원들의 직무에 관한 만족, 직무 안정성, 보상(승진기회, 임금, 전보, 근무평정), 동료 상호 간의 만족, 상사의 감독
V. H. Vroom(1964)	감독, 작업집단, 직무내용, 임금, 승진의 기회, 작업시간
P. C. Smith et al.(1969)	보수, 직무 자체, 자기발전, 동료직원
W. W. Ronan(1973)	직무내용, 통제, 조직과 관리, 승진기회, 보수와 기타 재정적 편익, 동료, 작업환경
E. A. Locke(1976)	직무 자체, 임금, 승진, 발전기회, 인정, 후생복지, 감독, 동료관계, 회사의 관리
추 헌(1995)	직무(일), 보상, 승진, 감독, 동료관계

자료: 정효현(2001), 갈등관리전략에 관한 연구, 고려대학교 대학원 박사학위논문, p.51.

2. 조직몰입

1) 개 념

조직몰입(organizational commitment)에 대해서는 1960년대부터 지금까지 많은 학자들에 의해서 연구되어 왔지만 아직까지도 각 연구자들 나름대로의 입장에서 개념을 정의하려는 경향이 있기 때문에 보편화된 정의가 내려져 있지 않다. 그 원인으로는 조직몰입을 연구하는 학자들이 사회학, 종교학, 정치학 등 여러 분야에 걸쳐서 있기 때문에 각자의 학문적 영역을 중요시하고 현상을 분석하려 하기 때문이다.

이렇게 다양하게 조직몰입에 대해서 정의되고 있는데 여러 가지 연구들 중에서 주로 사용되어 온 조직몰입의 개념은 심리적 측면, 교환적 측면, 결속적 측면 등으로 구분하여 볼 수가 있다. 다양한 조직몰입에 대한 정의를 기존문헌을 통해서 살펴보면 <표 2-6>에서 살펴보는 바와 같다.

〈표 2-6〉 조직몰입에 대한 학자들의 개념정의

연구 시각	학 자	요 인
심리적 측 면	R. M. Kanter(1968)	조직을 위한 에너지, 충성심을 바칠 의사
	S. M. Lee(1971)	소속감이나 충성심의 정도
	M. E. Sheldon(1971)	애착, 긍정적 평가, 조직을 위한 태도 및 경향
	B. Buchanan Ⅱ(1974)	개인과 조직 간의 심리적 결속의 형태
	L. W. Porter et al.(1979)	개인의 동일시와 몰입의 상대적 정도
	J. L. Gibbon(1985)	조직에 대한 식별, 몰입, 충성의 감각
교환적 측 면	O. Grusky(1966)	조직시스템과 구성원 간의 특성
	L Hrebiniak & J. A. Alutto(1974)	유인과 공헌의 관계, 시간의 투자변수
결속적 측 면	G. R. Salancil(1972)	한 개인이 특정 행위와 신념에 구속되는 상태
	R. W. Scholl(1974)	유인과 공헌의 관계, 시간의 투자 변수
	Y. Weiner(1982)	조직목표달성을 위한 동기 유발의 내재적 힘
기 타	M. E. Brown(1969)	조직구성원 의식, 잠재력을 통한 결과 예측
	D. H. Hall et al.(1970)	조직의 목표와 개인의 목표가 점차 통합되거나 일치해 가는 과정

자료: R. M. Kanter(1968). "*Commitment and Socal Organization*", American Sociological Review, vol.33, No.4, pp.499-517. 등의 자료 재정리

한편 포터(L. W. Porter)[88] 등은 조직몰입을 조직목표차원, 조직차원, 그리고 조직구성원에 대한 차원으로 재분류한 후에 각 차원을 정의하였는바, ① 조직목표에 대한 차원으로는 조직목표에 대한 강한 신뢰 및 애착, ② 조직차원으로는 조직을 위하여 열심히 노력을 하려는 의지, ③ 조직구성원에 대한 것으로서 해당조직의 성원의식

---

88) L. W. Porter, R. M Steers, R. T. Mowday & p. V. Boulian(1974), "*Organizational Commitment, Job Satisfaction and Turnover among Psychiatric Technician*", Journal of Applied Psychology, vol.59, pp.603-609.

을 유지하기 위한 강한 욕망으로 규정하고서 이들에 대한 구체적인 태도성향을 확인하기 위한 지표를 개발하였다.[89)

이러한 조직몰입을 단순히 조직적 차원에서의 몰입(organizational commitment)이라고 한다면 조직구성원 개인차원의 목표달성과 조직적 차원의 목표달성을 일치시키기 위한 조직구성원 간의 연계적 역할을 하는 것으로 볼 수 있다.

2) 영향요인

핑크(C. F. Fink)는 조직몰입을 어느 수준에서 볼 것인가 즉, 개인간 수준, 집단수준, 조직수준에 따라 조직몰입에 영향을 미치는 요인이 다르다고 보고 <표 2-7>과 같이 정리하였다.

조직몰입의 변수에 대해 종합적 정리[90)를 행한 바 있는 레이처스(A. E. Reichers)는 1980년대 초반까지 연구되어 온 조직몰입을 중심으로 선행변수와 결과변수로 나누었다. 선행변수로는 보상, 근속연수, 목표일체성, 직위, 연령, 직무만족, 직무스트레스, 교육 정도, 직무환경, 직무에 대한 도전감, 가치관, 성취욕구, 리더십 등을 들었고, 결과변수로는 생산성, 이직, 결근, 근속경향, 직무성과 등을 들었다.[91)

---

89) 장해익(2000), 「관리자의 인지된 리더십 형태가 구성원의 동기유발과 직무태도에 미치는 영향에 관한 연구: 단위기관 분위기와 학습조직역량의 조절효과를 중심으로」. 경희대학교 대학원 박사학위논문, p.56.

90) A. E. Reichers(1985), "*A Review and Resconceptualization of Organization commitment*", Academy of Management Review, vol.10, No.3, pp.466-467.

91) 장옥상(1995), 「근대문화가 조직몰입에 미치는 영향: 조직유형별 비교분석을 중심으로」, 고려대학교 대학원 박사학위논문, p.48.

<표 2-7> 조직몰입의 영향요인

몰입수준	영 향 요 인
개 인	관여, 선택, 긍정적 기대의 충족, 지원과 가치의 감정, 욕구만족, 내적 만족, 성장의 도전과 기회, 공평한 대우
개인 간	상호 간의 지시, 자아수용과 강화, 개방성, 양립가능성, 차이의 수용 및 인정, 문제의 공통적인 해결기회, 갈등관리의지
집 단	조직목표를 지지하는 규범, 규범의 응집력, 집단수준의 보상, 조직에 의한 집단의 가치인정, 선호, 가치의 수용, 직원과 과업의 연계능력
조 직	전체를 인식하는 부분, 상호 간의 정당성과 중요성을 인정하는 집단들, 경계를 초월한 구성원 간의 상호작용의지, 교호성의 인정, 다양성의 수용

자료: S. L. Fink(1992), *High Commitment Workplace*, (Westport, Com.: Quorum Books), p.265.

제 4 절 조직유효성에 관한 선행연구

조직유효성(organizational effectiveness)이란 "조직이 얼마나 잘되고 있는가?" 또는 "얼마나 효과적으로 운영되고 있는가?"를 나타내는 것으로서 조직의 성과를 평가하는 기준이라 할 수 있다. 따라서 조직유효성은 조직의 목표와 조직의 구성원 개인의 목표달성을 포함하는 개념이다.[92]

조직유효성의 평가기준도 연구자들의 연구방법에 따라 상이한 결과를 나타낸다. 프라이스(J. L. Price)는 조직유효성을 목표달성수준으로 정의하고, 목표달성의 결정변수로 생산과정에서의 투입과 산출의 비율을 나타내는 생산성, 조직구성원의 사기, 조직규범에 대한 업

---

[92] 신유근(1985), "조직행위론", 서울, 다산출판사, pp.1-16.

무활동의 적합성, 동조성, 외부환경에서의 지지도로 파악한다.[93]

그러나 이 연구는 조직유효성에 대한 문헌만을 비교 분석하였기 때문에 조직유효성 기준에 대한 실증적인 검증이 어렵다는 특징을 가지고 있다.

리커트(R. Likert)는 생산량이나 이익과 같은 결과변수에 영향을 미치는 매개변수로서 충성심, 동기유발, 개인의 상호작용, 의사소통, 의사결정 능력 등을 꼽고 있다.[94] 리커트(R. Likert)는 인간관계이론의 영향을 받아 인간의 만족도를 중시하고 인적자원의 가치에 의해 조직유효성을 측정하려 하였다.

시쇼어와 역트만(S. E. Seashore & E. Yuchtman)은 11년간 75개 보험회사의 경영성과를 조사한 자료를 토대로 조직유효성을 결정하는 10가지 요인을 밝혀냈는데 사업실적, 생산원가, 신입구성원의 생산성, 구성원의 활동성, 사업전략의 결합, 인적자원의 개발, 관리강조, 추대비용, 시장침투능력 등을 주장한다.[95]

펩퍼와 살랜시크(J. Pfeffer & R. Salancik)는 조직유효성을 조직의 존속을 위해 다수이해관계자집단의 경합되는 욕구를 충족시켜 줄 수 있는 조직의 능력으로 정의하였다.[96]

스티어스(R. M. Steers)는 직무만족보다는 조직몰입이 전직, 이직의 훌륭한 예측치가 되며 강하게 몰입하는 종업원이 약하게 몰입하는 종업원보다 훨씬 더 직무수행을 잘하며, 또한 조직몰입으로는 조직유효성의 유용한 지표임을 주장한다.[97]

---

93) J. L. Price, C. W. Muller(1968), *Handbook of Organizational Measurement,* Marshifield: Pitman Pub. pp.203-204.

94) R. Likert(1958), *"Measuring Organizational Performance", Harvard Business Review,* Mar-Apr. pp.41-50.

95) S. E. Seachore & E. Yuchtman(1967), *"Factorial Analysis of Organizational Performance",* Administrative Science Quarterly, vol.32, No.11, p.26.

96) J. Pfeffer & R. Salancik(1978), *The External Control of Organizations,* N. Y. Haper & Row, p.26.

이상과 같이 기존의 연구들에서 채택한 기준도 매우 다양하며 하나의 궁극적인 기준이나 공통적인 기준들이 존재하지 않음을 알 수 있다. 이는 조직유효성변수의 다양성이 기인하고 있는 것이다.

쿤잉햄(J. B. Cunningham)은 앞서 서술한 접근법에 의하면 체계접근법에서의 조직유효성 기준을 다음과 같이 열거하고 있다.[98]

관리자의 종업원에 대한 고려, 팀워크, 관리자와 종업원 간의 신뢰와 믿음, 확실한 정보에 의한 의사결정, 수평적, 수직적 원활한 의사소통, 조직과 개인들이 조직목표와 계획에 합일된 노력, 높은 성과와 성장을 위한 적절한 보상체계, 조직과 하부-집단의 원활한 상호작용이 그것이다. 본 연구에서도 조직유효성을 연구하고 측정하는 데는 체계접근법에 기초를 둔다.

그 이유는 조직구성원의 행복, 직무만족, 그리고 경제적인 능률성을 주된 요소로 삼고 있는 체계접근법이 본 연구와 측정방법상 가장 적합하다고 판단되기 때문이다.

---

97) R. M. Steers(1977), "*Antecedents and Outcomes of Organizational Commitment*", *Administrative Science Quarterly*, vol.22, p.46.

98) J. B. Cunningham(1977), "*Approach to Evaluation of Organizational Effectiveness*", Academy of Management Review, vol.2, No.3, pp.463-474.

제3장
연구의 개념적 모형과
가설의 설정

제1절 연구모형의 설계

본 연구는 지금까지 수행한 이론적 연구결과를 기초로 갈등원인이나 유형이 결과변수 즉 조직유효성변수에 영향을 미치는지에 대하여 연구의 초점을 두고자 한다. 지금까지 갈등이 조직에 필연적인 것이라면 그 원인이나 유형이 결과변수에 어떻게 관계하는지에 대한 정보가 중요하기 때문이다.

그리고 독립변수와 결과변수의 관계뿐만 아니라 조절변수 즉, 경영자 및 조직규모변수와의 관계도 중요하다고 할 수 있다. 이와 같은 기본적인 관계를 중심으로 본 연구의 연구모형을 수립하면 <그림 3-1>과 같다.

이 모형에서 보는 바와 같이 독립변수를 갈등원인과 유형으로 구분하고 그것이 결과변수인 조직유효성변수에 미치는 영향을 파악하는 데 초점을 두었다. 갈등원인은 상호의존성 및 목표차이개념으로 측정하였으며, 갈등유형은 차원에 따라 수직적 갈등과 수평적 갈등으로 구분하여 측정하였다.

이들 각 개념적 변수가 조직유효성변수의 개념적 변수인 직무만족 및 조직몰입에 어떻게 영향을 미치는가에 대한 분석이 이 논문의 주제이다. 그리고 이러한 독립변수와의 관계에 추가하여 경영자 및 조직규모변수가 결과변수의 각각에 어떻게 영향을 미치는지에 대한 모델도 설정하였다. 경영자특성으로는 기업가적 성향, 임파워먼트 성향 및 위험감수 성향을, 조직특성 변수로는 조직규모에 따른 영향성을 알아보기 위해 조직규모를 사용하였다.

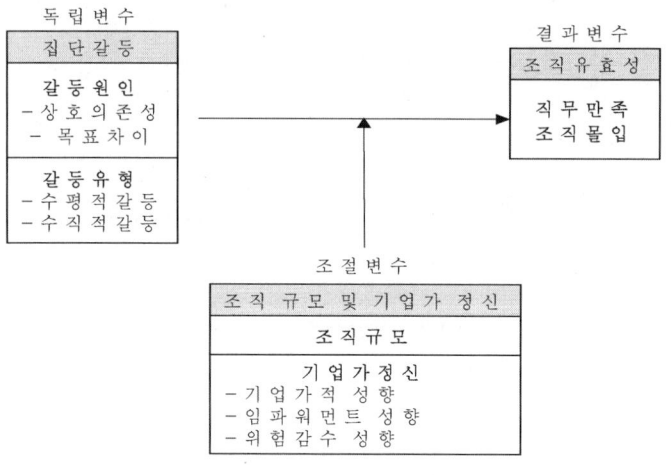

〈그림 3-1〉 연구의 모형

제 2 절 연구가설의 설정

1. 가설의 설정

연구모형을 기초로 가설을 크게 네 가지로 나누어 설정하였다.

첫째, 갈등원인이 조직유효성에 유의한 영향을 미칠 때 조직규모가 조절변수로 영향성을 미칠 것이다. 둘째, 갈등원인이 조직유효성에 유의한 영향을 미칠 때 기업가정신이 조절변수로 영향성을 미칠 것이다. 셋째, 갈등유형이 조직유효성에 유의한 영향을 미칠 때 조직규모가 조절변수로 영향성을 미칠 것이다. 넷째로 갈등유형이 조직유효성에 유의한 영향을 미칠 때 기업가정신이 조절변수로 영향성을 미칠 것이다. 이 네 가지 가설에 기초한 더 세부적인 가설은 다음과 같다.

가설 I. 갈등원인이 조직유효성에 유의한 영향을 미칠 때 조직규모가 조절변수로 영향성을 미칠 것이다.

  가실 I-1   갈등원인이 조직유효성에 유의한 영향을 미칠 때 조지규모가 조절변수로 영향을 미칠 것이다.
  가설 I-1-1 갈등원인이 직무만족에 유의한 영향을 미칠 때 조직규모가 조절변수로 영향을 미칠 것이다.
  가설 I-1-2 갈등원인이 조직몰입에 유의한 영향을 미칠 때 조직규모가 조절변수로 영향을 미칠 것이다.

  가설 I-2   갈등원인은 조직유효성에 유의한 영향을 미칠 것이다.
  가설 I-2-1 갈등원인은 직무만족에 유의한 영향을 미칠 것이다.

가설 I -2-2 갈등원인은 조직몰입에 유의한 영향을 미칠 것이다.

가설 I -3   조직규모는 조직유효성에 유의한 영향을 미칠 것이다.
가설 I -3-1 조직규모는 직무만족에 유의한 영향을 미칠 것이다.
가설 I -3-2 조직규모는 조직몰입에 유의한 영향을 미칠 것이다.

가설 II. 갈등원인이 조직유효성에 유의한 영향을 미칠 때 기업가정신이 조절변수로 영향성을 미칠 것이다.

가설 II-1   갈등원인이 조직유효성에 유의한 영향을 미칠 때 기업가정신이 조절변수로 영향을 미칠 것이다.
가설 II-1-1 갈등원인이 직무만족에 유의한 영향을 미칠 때 기업가정신이 조절변수로 영향을 미칠 것이다.
가설 II-1-2 갈등원인이 조직몰입에 유의한 영향을 미칠 때 기업가정신이 조절변수로 영향을 미칠 것이다.

가설 II-2   갈등원인은 조직유효성에 유의한 영향을 미칠 것이다.
가설 II-2-1 갈등원인은 직무만족에 유의한 영향을 미칠 것이다.
가설 II-2-2 갈등원인은 조직몰입에 유의한 영향을 미칠 것이다.

가설 II-3   기업가정신은 조직유효성에 유의한 영향을 미칠 것이다.
가설 II-3-1 기업가정신은 직무만족에 유의한 영향을 미칠 것이다.
가설 II-3-2 기업가정신은 조직몰입에 유의한 영향을 미칠 것이다.

가설 III. 갈등유형이 조직유효성에 유의한 영향을 미칠 때 조직규모가 조절변수로 영향성을 미칠 것이다.

가설Ⅲ-1   갈등유형이 조직유효성에 유의한 영향을 미칠 때 조직
          규모가 조절변수로 영향을 미칠 것이다.

가설Ⅲ-1-1 갈등유형이 직무만족에 유의한 영향을 미칠 때 조직규
          모가 조절변수로 영향을 미칠 것이다.

가설Ⅲ-1-2 갈등유형이 조직몰입에 유의한 영향을 미칠 때 조직규
          모가 조절변수로 영향을 미칠 것이다.

가설Ⅲ-2   갈등유형은 조직유효성에 유의한 영향을 미칠 것이다.

가설Ⅲ-2-1 갈등유형은 직무만족에 유의한 영향을 미칠 것이다.

가설Ⅲ-2-2 갈등유형은 조직몰입에 유의한 영향을 미칠 것이다.

가설Ⅲ-3   조직규모는 조직유효성에 유의한 영향을 미칠 것이다.

가설Ⅲ-3-1 조직규모는 직무만족에 유의한 영향을 미칠 것이다.

가설Ⅲ-3-2 조직규모는 조직몰입에 유의한 영향을 미칠 것이다.

가설Ⅳ. 갈등유형이 조직유효성에 유의한 영향을 미칠 때 기업가정
       신이 조절변수로 영향성을 미칠 것이다.

가설Ⅳ-1   갈등유형이 조직유효성에 유의한 영향을 미칠 때 기업
          가정신이 조절변수로 영향을 미칠 것이다.

가설Ⅳ-1-1 갈등유형이 직무만족에 유의한 영향을 미칠 때 기업가
          정신이 조절변수로 영향을 미칠 것이다.

가설Ⅳ-1-2 갈등유형이 조직몰입에 유의한 영향을 미칠 때 기업가
          정신이 조절변수로 영향을 미칠 것이다.

가설Ⅳ-2   갈등유형은 조직유효성에 유의한 영향을 미칠 것이다.

가설Ⅳ-2-1 갈등유형은 직무만족에 유의한 영향을 미칠 것이다.

가설IV-2-2 갈등유형은 조직몰입에 유의한 영향을 미칠 것이다.

가설IV-3   기업가정신은 조직유효성에 유의한 영향을 미칠 것이다.
가설IV-3-1 기업가정신은 직무만족에 유의한 영향을 미칠 것이다.
가설IV-3-2 기업가정신은 조직몰입에 유의한 영향을 미칠 것이다.

2. 변수와 설문구성내용 및 척도

이 연구에서 다루어지는 변수에 대한 연구의 조작적 정의와 측정 방법을 검토한다. 측정 변수는 갈등원인, 갈등유형, 조직유효성변수, 조직특성(규모) 및 기업가정신변수로 구성되었다. 이들 변수를 측정하기 위하여 설문문항은 기존 연구의 설문지를 참고하여 본 연구에 맞게 수정하였으며, <표 3-1>과 같이 모든 문항의 응답척도는 간격척도를 사용하였다. 단지 조직특성 및 기업가정신의 일부 변수는 명목척도로 측정하였다.

갈등원인의 2가지 개념적 변수에 대하여 설문문항과 연결하여 검토하면, 상호의존성 변수는 타 부서와의 관계나 자원의 공동 이용에 관련된 3가지 문항으로 측정하였다. 설문지 문항은 I-1, I-2, I-3이다. 목표차이 변수는 조직의 목표가 어디에 있는가 하는 점을 측정하는 것으로 부서 간 목표차이, 보상 및 자원의 측면을 포함한다. 설문지 문항은 I-4, I-5, I-6이다.

갈등유형은 8개 문항으로 측정하였다. 수평적 갈등은 자기 자신과 동료 간의 문제를 포함하는 4개 문항 II-1, II-2, II-3, II-4이다. 그리고 수직적 갈등은 자원분배나 리더십의 문제와 관련된 4개 문항 II-5, II-6, II-7, II-8이다.

그리고 결과변수인 조직유효성변수의 2가지 개념에 대하여 살펴보자. 첫째 직무만족 변수는 자신의 심리적 만족과 관련된 5개 문항 III-1, III-2, III-3, III-4, III-5를 포함한다. 둘째로 조직몰입변수는 회사를 이탈하지 않으려는 의지와 관련된 5개 문항 III-6, III-7, III-8, III-9, III-10을 포함한다.

조직특성(규모) 변수는 경영자의 특성과 관련된 문항을 제외하고 모든 항목은 명목척도로 측정되었다.

이들 변수의 문항에 대한 응답항목은 인사조직 분야의 선행연구에서 개발된 문항으로 설문문항에 대해서는 관련전문가를 통하여 내용의 타당성과 적합성을 검토하여 본 연구가 의도하는 내용이 응답자에게 충분히 전달될 수 있도록 사전검토를 한 다음 질문내용이 어렵거나 이해의 혼란을 초래할 수 있는 문항들을 제거 혹은 수정한 후 이를 확정하였다.

〈표 3-1〉 설문지의 변수와 척도

측정 변수	구 성 내 용	문 항	척 도
갈등원인	○타 부서와의 협조	I-1	간 격
	○타 부서와의 정보공유	I-2	
	○자원의 공동이용	I-3	
	○타 부서와의 목표차이	I-4	
	○전체성과가 개인, 개별 집단의 성과에 따라 보상	I-5	
	○제한된 자원, 시설, 인원, 공간, 서비스	I-6	
갈등유형	○나의 욕심과 회사 수행 업무의 불일치	II-1	간 격
	○동료의 승진에 갈등	II-2	
	○동료와 이해관계, 목표차이에 의한 마찰	II-3	
	○업무량 과다, 상호협력 미흡	II-4	
	○부서자원의 분배의 불공정	II-5	
	○공동의사결정의 의견의 불일치	II-6	
	○통제력의 상위집중	II-7	
	○통제적 리더십 요구	II-8	

측정 변수	구 성 내 용	문 항	척 도
조직유효성	○ 나의 일에 성취감을 느낀다.	III-1	간 격
	○ 나의 업무에 능력 발휘를 충분히 할 수 있다.	III-2	
	○ 현재 직무가 적성에 맞아 보람을 느낀다.	III-3	
	○ 능력을 인정받아 의욕적으로 일한다.	III-4	
	○ 기여도에 합당한 임금	III-5	
	○ 회사의 성공을 위해 기대 이상의 노력	III-6	
	○ 회사에 충성심	III-7	
	○ 회사에 입사한 것을 기쁘게 생각	III-8	
	○ 계속근무를 위해 어떤 직무라도 수행	III-9	
	○ 우리 회사가 나의 적성에 최고	III-10	
조직규모 및 기업가정신	○ 자본금 규모	IV-1	명목 및 간격
	○ 매출액규모	IV-2	
	○ 종업원 수	IV-3	
	○ 기업가적 성향	IV-4	
	○ 임파워먼트 성향	IV-5	
	○ 위험감수 성향	IV-6	
개인특성		8개항	명 목
계		38	

자료: 1) 고종식(1994), 근로자의 갈등관리와 조직의 유효성에 관한 연구, 원광대학교 대학원 박사학위논문.
　　 2) 박부수(1987), 조직 갈등의 원인과 관리방안에 관한 실증적 연구, 중앙대학교 대학원 박사학위논문.
　　 3) N.R. Smith and Miner, J.B., "*Type of entreperneur, type of Firm, and managerial motivation: Implications for organizational life cycle theory*", Strategic Management Journal, vol.4, pp.425-430
　　 4) W.P. Anthony(1978), Participative Management, Addison-Wesley Publishing Company.
　　 5) 조형래(1995), 창업자의 특성, 제품혁신성과 벤처기업 성과 간의 상황적 관계, 한국과학기술원 박사학위논문.

제 3 절 변수의 조작적 정의

실증적 검증을 위해서는 실제 현상에 대한 관찰이 이루어져야 하므로 미리 개념적 정의가 내려진 구성에 대해서 구체적인 실제 현상과 연결시키기 위한 현상적, 구체적인 정의가 요구되고 있기 때문에 이처럼 연구에서 선택된 개념, 즉 구성을 실제 현상에서 측정 가능하도록 관찰 가능한 형태로 정의해 놓은 것을 조작적 정의라고 하며,[99] 본 연구에서는 갈등원인과 유형을 독립변수로 규정하였다. 그 다음으로 독립변수에 따른 결과변수로 조직유효성을 선정한 다음, 이들의 관계를 고찰하기 위한 조절변수로 조직특성(조직규모) 및 기업가정신(경영자특성)을 두었다.

본 연구를 위해 설정된 변수의 개념과 조작적 정의는 다음과 같다.

1. 갈등원인

갈등의 원인에 관해서는 학자에 따라 그 견해와 연구방법상의 접근법이 각각 달라 다양하게 제시되고 있으므로 갈등의 원인에 대해 통합적인 정리를 하는 것은 아주 어려운 문제이나 본 연구에서는 이렇게 다양하게 제시되고 있는 갈등의 원인들을 종합 정리한 후 집단 간 갈등의 원인에 있어서 사이몬과 마치(H. A. Simon & J. G. March)가 그의 연구를 위해 선정한 갈등의 원인을 본 연구를 위한 변수로 선정하였으며 이들의 조작적 정의는 다음과 같다.

---

99) 채서일(1993), 「사회과학조사방법론」, 학현사, p.198.

1) 상호의존성

두 행동주체가 각각의 과업을 수행하거나 목적을 달성하는 데 있어서 상호 간의 협조, 정보제공, 동조 또는 협력을 요하거나 공동의 자원을 사용하는 데서 발생하게 되는 구조적 갈등의 정도를 의미한다.

2) 목표의 차이

한정된 자원의 할당으로 인한 상호의존성의 증가는 각 집단의 목표의 차이를 표면화하게 되고 증대하게 되며, 전체 조직의 성과에 따른 보상이 제대로 이루어지지 않고 개별 집단의 성과에 따르기 때문에 갈등은 야기된다. 또한 다양한 목표를 가지고 있는 구성원들이 추구하고 있는 목표의 차이로 인한 갈등과 전반적이고 추상적인 목표가 주관적으로 해석됨으로써 야기되는 갈등의 정도를 의미한다.

2. 갈등유형

집단 간 갈등의 유형에 관하여는 많은 학자들이 상이한 접근법으로 여러 가지 설명을 하고 있지만 이를 정리하면 크게 형태별 유형과 원인별 유형으로 나누어볼 수 있다. 집단 간 갈등의 형태별 유형은 수직적 갈등, 수평적 갈등[100] 및 공식, 비공식 집단 간 갈등으로 나누어진다. 집단 간 갈등의 원인별 유형에는 기능적 갈등, 계층적 갈등 및 경쟁적 갈등이 있다. 본 연구에서는 집단 간 갈등의 형태별 유형 중 신유근의 수직적 갈등과 수평적 갈등에 대하여 고찰하고자 한다.

---

100) 신유근(1985), 「조직행동」, 다산출판사, p.523.

1) 수직적 갈등

수직적 갈등은 조직계층 간에 발생하는 갈등이다. 본부의 관리부서와 영업점 간의 갈등 같은 것이다. 이는 주로 상위부서가 하위부서의 자유재량권에 지나치게 통제력을 발휘하기 때문에 발생한다.

2) 수평적 갈등

수평적 갈등은 한 조직계층의 동일수준 부문 간에 발생하는 갈등으로서 이는 각 집단이 상이한 과업을 수행하고 상이한 환경을 마주하고 있기 때문에 자연적으로 발생하는데, 구성원들이 자기 부서를 우선 생각하고 타 부서의 노력에 대해서는 2차적인 관심만 보이는 경향이 있기 때문에 발생한다.

3. 조직특성

조직특성은 조직문화에 영향을 미치는 내적 환경이다. 조직은 대략적으로 구조, 기능, 과정에서 그 특성을 가지며 이러한 특성들 각각에 따라 조직에 접근하기로 한다. 또한 조직이론은 주요 히위시스템이나 갈등, 권력, 그리고 상황적 요소에 중점을 두는 거시적 조직론과 심리적 접근을 중심으로 하는 개인행위의 수준과 사회 심리적 접근에 초점을 두는 미시적 수준으로 대별된다. 조직문화는 조직의 특성에 따라 구성원의 태도와 행동으로 표출되는 것이므로 조직특성에 관련하여 접근하지 않으면 안 된다. 따라서 조직특성을 납입자본금규모, 매출액규모, 조직규모로 나누어 설명할 수 있으나 본 연구에서는 조직규모로 한정하여 고찰하였다.

먼저 종업원의 수로 조직규모를 측정하는 데 있어서는 조사대상

기업을 정규직 50명 미만 기업과, 50명 이상 200명 미만 기업, 200
명 이상 500명 미만 기업, 500명 이상 1천 명 미만 기업, 그리고 1
천 명 이상 기업 등 다섯 개의 기업집단으로 분류하기로 한다.

또한 납입자본금의 규모로 조직규모를 측정하는 데 있어서는 조사
대상 기업을 100억 원 미만인 기업과, 100억 원 이상 300억 원 미만
기업, 300억 원 이상 500억 원 미만 기업, 500억 원 이상 1천억 원
미만 기업, 그리고 1천억 원 이상 기업 등 다섯 개의 기업집단으로
분류하기로 한다.

한편, 매출액규모로 조직규모를 측정하는 데 있어서는 조사대상
기업을 100억 원 미만 기업과, 100억 원 이상 300억 원 미만 기업,
300억 원 이상 500억 원 미만 기업, 500억 원 이상 1천억 원 미만
기업, 1천억 원 이상 기업 등 다섯 개의 기업집단으로 분류하였다.

4. 경영자특성(기업가정신)

경영자특성(기업가정신)이란 경영자의 인적 특성을 말하며 최고경
영자의 기업가적 성향과 임파워먼트 성향 및 위험감수 성향을 그 측
정대상으로 하였다. 최고경영자의 기업가적 성향은 장기적인 관점에
서 조직의 성장과 변화계획을 수립하여 다양한 경영혁신기법을 활용
하고 의사결정권한을 이양하는 정도라고 정의한 스미스와 마이너의
정의를 원용하였다.[101]

또한 임파워먼트 성향은 종업원들에 대해 높은 신뢰감을 갖고 그
들의 태도와 행동, 그리고 능력에 실질적인 가치를 부여하며 그들이

---

101) N. R. Smith and Miner, J. B. "Type of entrepreneur, type of Firm, and managerial motivation: Implications for organizational life cycle theory", *Strategic Management Journal,* vol.4, pp425-430

도전정신을 갖고 성취감을 느낄 수 있도록 지원하는 정도라고 정의한 안토니(Anthony)의 정의를 원용하였다[102].

그리고 위험감수 성향은 어떤 일에 따르는 위험을 받아들이고자 하는 심리적 성향이라고 정의한 조형래의 정의를 각각 원용하기로 한다.[103]

본 연구에서는 조사대상 기업의 최고경영층에서 이러한 경영자특성이 얼마나 높게 나타나는가를 측정하고자 했다.

5. 조직유효성

조직유효성이란 조직의 목표를 달성하는 정도[104]를 말하며, 그 지표로 여러 가지 유형이 있으나 심리적 조직성과로 가장 일반적이고 개인과 집단 및 조직수준의 성과를 잘 표현해 주는 지표로 사용되고 있는 직무만족과 조직몰입을 조직유효성 평가요소로 선정하였으며 이들의 조작적 정의는 다음과 같다.

1) 직무만족

직무만족이란 직무와 관련된 개인의 긍정적인 반응이라는 점에서 조직구성원이 자신의 직무에 대한 유쾌하고 정적인 정서상태로 직무수행자의 태도나 가치, 신념, 욕구 등의 충족수준 및 직무와 관련시켜 직무수행자가 갖게 되는 감정적 만족감을 의미한다.[105] 본 연구

---

102) W. P. Anthony(1978), *Participative Management,* Addison-Wesley Publishing Company.

103) 조형래(1995), 창업자의 특성, 제품혁신성과 벤처기업 성과간의 상황적 관계, 한국과학기술원 박사학위논문.

104) Amitai Etzioni(1964), *Modern Organization*(Englewood Cliffs, N. J.: Prentice-Hall), p.84, p.8.

105) Price, J. L. & Mueller, C. W.(1986), *Handbook of Organizational Mea-*

에서는 조직원으로 직무를 수행하게 됨을 자랑스럽게 생각하는 정도
와 조직생활이 나의 인생에 도움을 줄 것이라는 인식도, 보수의 만
족도, 어떠한 직무든 기꺼운 수임 등을 포함하는 개념이다.

2) 조직몰입

조직몰입이란 학자들마다 매우 다르게 정의하고 있으며 대부분 다
차원적으로 구성되었고, 조직몰입도는 조직에 대한 헌신, 희생 및 공
헌의 정도를 의미하는 것[106]으로 목표달성을 위한 동기유발의 내재
적인 힘을 말하며, 소속부서 업무의 수용 정도, 목표달성 각오 및 노
력, 조직과의 동일체 의식, 조직충성심, 명령복종 등을 포함하는 개
념으로 사용되었다.

---

surement, (Marsh field, Mass.: Pitman)

106) Locker, E. A.(1976) "The Nature and Causes of jop Satisfaction," *Handbook
of Industrial and Organizational Psychology*, ed. Marvin D. Dunnett,.
Chicago; Rand McNally, 1309.

제4장
실증적 조사연구의
분석 및 결과해석

제1절 조사연구의 표본 및 분석방법

1. 표본의 자료수집

본 연구의 표본은 서울, 경기, 인천 등 수도권지역에 소재한 기업의 일반관리직 임직원을 대상으로 총 600부의 설문지를 배포하여 이중 70%인 420부를 회수하였으나 불성실한 응답으로 판단되는 13부를 제외한 407부를 통계처리에 사용하였다.

분석에 사용한 응답자의 분포는 <표 4-1>과 같다. 응답자 407명의 개인특성, 즉 인구 통계적 특성은 <표 4-1>과 같이 비교적 분석이 가능한 분포를 구성하고 있는 것으로 나타났다. 분석에 사용한 표본은 상대적으로 청장년층이, 그리고 근속연수가 짧고 직급이 낮은 사람의 구성비율이 높은 것으로 나타났다.

설문에 응답한 사람들이 속한 조직연령은 5년 미만, 5년에서 10년 사이, 10년에서 20년 사이, 20년 이상의 그룹 구성비가 각각 26.5%, 33.2%, 23.7%, 16.7%의 분포를 보이고 있다. 그러나 응답자의 구성 비율에 있어서 성별에서는 남자가, 연령에 있어서는 30대가, 근무 직종에 있어서는 관리직종이, 근속연수에 있어서는 5년 미만인 근속연수의 평사원이 많은 것으로 나타났다.

그리고 분석에 사용된 응답자 407명이 소속하는 조직의 특성을 요약하면 <표 4-2>와 같다. 이 표에서 나타난 바에 의하면 응답자의 소속 회사는 자본금이 300억 미만인 회사가 79.2%로 대부분을 구성하고 있다.

2. 통계분석방법

본 연구의 측정을 위해 사용된 설문지의 결과분석은 통계 프로그램 SPSSWIN 11.0을 사용하였다. 결과분석을 위해 사용된 통계분석 기법은 다음과 같다

첫 번째, 사용된 변수들을 측정하는 설문지의 항목이 연구에 사용되는 변수들을 측정하는 데 있어 타당한지의 여부를 알아보는 요인분석을 VARIMAX 직각회전방법에 의해 수행하였다. 즉 갈등원인에 대해서는 6개 설문문항의 응답결과를 기초로 요인분석을 하였으며, 갈등유형에 대해서는 8개 설문문항의 응답결과를 기초로 요인분석을 실시하였다. 또한 결과변수인 조직유효성변수에 대해서는 관련된 10개 문항의 응답결과를 기초로 요인분석을 실시하였다.

두 번째, 설문지의 각 문항들과 연구에 사용되는 변수들의 내적 일관성을 통한 신뢰성을 확인하기 위해서 Cronbach의 Alpha 계수를

이용하여 신뢰도 검증을 하였다. 즉 갈등원인, 갈등유형 및 조직유효성변수의 각각 구성개념에 대하여 설문응답 결과를 기초하여 응답의 신뢰성 검증을 행하였다. 우선 갈등원인으로 측정한 2개 구성개념인 상호의존성 및 목표차이개념에 대하여 각각 3개 항목에 대한 응답결과를 기초로 신뢰성 분석을 하였다. 이어 갈등유형인 수직적 갈등과 수평적 갈등의 개념에 대하여 각각 4개의 설문문항의 응답결과에 기초하여 신뢰성 분석을 행했다. 그리고 끝으로 조직유효성변수의 구성개념인 직무만족 및 조직몰입변수에 대하여 각각 5개의 설문문항의 응답결과를 기초로 신뢰성 분석을 실시하였다.

세 번째, 인구 통계적인 개인 변수와 조직특성 변수에 대하여 빈도분석을 수행하여 개략적으로 응답자의 분포를 파악하였다. 그리고 5점 척도를 사용한 각 변수 즉 갈등원인, 갈등유형 및 조직유효성변수에 대해서는 응답자의 평균 및 표준편차를 계산하여 개략적인 응답점수를 확인하였다. 이러한 결과를 산출하기 위해 평균분석을 행하여 기초통계량을 계산하였다.

네 번째, 연구의 가설검증에 앞서 연구에 사용되는 모든 변수들 간의 관계를 개략적으로 파악하기 위하여 피어슨(Pearson) 상관관계분석을 수행하였다. 즉 갈등원인과 조직유효성변수의 관계, 그리고 갈등유형과 조직유효성변수의 관계에 대하여 상관관계분석을 행하였다.

다섯 번째, 다변량 분산분석(multivariate analysis of variance: MAN-OVA)에 의해 독립변수인 갈등원인과 유형이 결과변수인 직무만족 및 조직몰입에 미치는 영향을 검증하였다. 즉 설정된 가설을 검증하기 위해 해당 변수의 응답결과를 기초로 여러 번의 MANOVA분석을 실시하였다.

마지막으로 조절변수(조직규모 및 기업가정신)가 결과변수에 미치는 영향을 다변량 분산분석(multivariate analysis of variance: MANOVA)에 의해 검증하였다.

〈표 4-1〉 표본의 인구 통계적 구성비율

1. 성 별			5. 근속연수		
구 분	응답자 수(명)	구성비율(%)	구 분	응답자 수(명)	구성비율(%)
남 자	301	74.9	5년 미만	178	44.3
여 자	101	25.1	5-9년	110	27.4
무응답	5		10년 이상	114	28.4
합 계	407		무응답	5	
2. 연 령			합 계	407	
구 분	응답자 수(명)	구성비율(%)	6. 직 급		
30세 미만	110	27.3	구 분	응답자 수(명)	구성비율(%)
30-39세	182	45.2	평사원	175	43.4
40-49세	111	27.5	대리 / 계장	105	26.1
무응답	4		팀장 / 과장	57	14.1
합 계	407		부 / 차장	44	10.9
3. 학 력			임 원	22	5.5
구 분	응답자 수(명)	구성비율(%)	무응답	4	
고졸 이하	88	22.1	합 계	407	
전문대졸	109	27.3	7. 월 소득		
대 졸	175	43.9	구 분	응답자 수(명)	구성비율(%)
대학원졸	27	6.8	100만 원 미만	74	18.3
무응답	8		100-200만 원	200	49.5
합 계	407		200만 원 이상	130	32.2
4. 근무부서			무응답	3	
구 분	응답자 수(명)	구성비율(%)	합 계	407	
전략직군	52	13.0	8. 조직 연령		
관리직군	169	42.4	구 분	응답자 수(명)	구성비율(%)
생산직군	79	19.8	5년 미만	103	26.5
영업직군	43	10.8	5-10년	129	33.2
기 타	56	14.0	10-20년	92	23.7
무응답	8		20년 이상	65	16.7
합 계	407		무응답	18	
			합 계	407	

〈표 4-2〉 표본의 조직특성

조직특성 (규모)	100억 미만	100억-300억	300억-500억	500억-1,000억	1,000억 이상
자 본 금	130 (41.7%)	117 (37.5%)	25 (8.0%)	6 (1.9%)	34 (10.9%)
매 출 액	52 (15.1%)	78 (22.6%)	13 (3.8%)	50 (14.5%)	152 (44.1%)
종업원 수	50인 미만	50-200명	200-500명	500-1,000명	1,000 명 이상
	41 (10.9%)	104 (27.7%)	57 (15.2%)	146 (38.8%)	28 (7.4%)

제 2 절 조사연구의 분석 및 결과해석

1. 타당성 검증

본 연구에 사용되는 독립변수와 결과변수에 대하여 각각 개념타당성을 확인하기 위해 요인분석(Factory Analysis)을 실시하였다. 갈등원인, 갈등유형 및 조직유효성변수에 대한 요인분석을 실시한 결과를 하나씩 요약하여 정리하여 견과를 검토하였다.

첫째, 갈등원인에 대한 분석결과를 정리하면 다음 <표4-3>과 같다. 이 분석결과에 의하면 목표차이의 1개 문항을 제외하고 2개 변수 모든 항목의 요인 적재치(factor loading)가 0.5를 상회하므로 아주 유의한 결과라고 말할 수 있다. 즉 6개 문항은 연구자의 문항설계대로 각각 3문항씩 묶여졌다. 고유치는 그 요인을 설명하는 분산의 양을 나타내므로 이 값이 큰 요인이 중요한 요인으로 간주될 수 있는데 1.686에서 1.412에 이르는 고유치를 보이고 있다. 그리고 이 2개 요인 중 상호의존성이 18.73%, 목표차이가 15.68%를 설명하고 있고 전체 2개 요인의 변량이 전체 변량의 59.82%를 설명하고 있다. 이러한 결과는 선행연구의 개념적 정의에 기초하면 수립된 본 연구 모형의 제 변수들이 독자적인 속성들을 가지고 있다는 것을 입증하고 있다.

〈표 4-3〉 갈등원인변수에 대한 요인분석결과

변 수	No	항 목	요인1	요인2
상호의 존성	I-3	자원의 공동 이용	.732	.291
	I-2	타 부서와의 정보 공유	.669	-.134
	I-1	타 부서와의 협조	.663	-2.2E-02
목표차이	I-5	개별 집단의 성과 보상	-.177	.838
	I-6	제한된 자원, 시설 등	.228	.573
	I-4	타 부서와의 목표차이	.353	.459
아이겐 값			1.686	1.412
설명분산			18.734	15.683
누적분산			44.137	59.821

〈표 4-4〉 갈등유형에 대한 요인분석결과

변 수	No	항 목	요인1	요인2
수평적 갈등	II-2	동료의 승진 갈등	.726	-2.35E-02
	II-1	나의 욕심과 회사업무 불일치	.690	4.684E-02
	II-3	동료와 이해관계, 목표차이 마찰	.649	.305
	II-4	업무량 과다, 상호협력 미흡	.625	.338
수직적 갈등	II-8	통제적 리더십 요구	-.261	.818
	II-5	부서자원의 분배 불공정	.264	.594
	II-7	공제력의 상위 집중	.353	.532
	II-6	공동의사결정의 의견불일치	.456	.477
아이겐 값			2.285	1.743
설명분산			28.567	21.793
누적분산			28.567	50.367

　둘째, 갈등유형에 대한 요인분석결과를 정리하면 <표 4-4>와 같다. 이 분석결과에 의하면 문항 II-6을 제외한 모든 항목의 요인 적재치(factor loading)가 0.5를 상회하므로 아주 유의적인 결과가 나왔다고 할 수 있다. 이 4개 문항은 본 연구에서 설계한 의도대로 2개의 변수로 묶였다. 아이겐 값도 요인1이 2.285이고, 요인2가 1.743이므로 모두 1.0을 상회하며, 설명력을 가리키는 것으로 설명분산이 각각 28.567, 21.793으로 총 50.367%의 설명력을 가지므로 연구에 사용하는 갈등유형의 2가지는 명확히 구별되는 속성을 가지고 있다는 것이 입증되고 있다.

　마지막으로 조직유효성을 측정한 2개 변수에 관련된 문항에 대하여 요인분석을 실시한 결과를 간략히 정리하면 <표 4-5>와 같다. 이 2개 변수와 관련된 10개 문항에 대하여 요인분석결과에 의하면 추출된 2개 요인이 연구 설계의 의도대로 묶였으며, 직무만족 1개 문항을 제외하고 모두 요인 적재 값이 0.5를 상회하였다. 그리고 이 2개 변수에 대한 설명분산도 37.659로 비교적 설명력이 있다고 할 수 있다. 그러므로 결과변수로 측정하는 2개 변수는 명확히 구별되는 속성을 가진다고 할 수 있다.

<h4 style="text-align:center">〈표 4-5〉 결과변수에 대한 요인분석결과</h4>

변 수	No	항 목	요인1	요인2
조직몰입	III-9	계속근무를 위해 아무 직무라도	.804	.140
	III-7	회사에 충성심	.705	.187
	III-8	회사에의 입사를 기쁘게 생각	.696	.237
	III-10	우리 회사가 나의 적성에 최고	.665	.306
	III-6	회사성공을 위해 기대 이상 노력	.629	.127
직무만족	III-3	현재 직무가 적성에 맞음	.184	.805
	III-2	나의 업무에 능력발휘 가능	.109	.758
	III-1	나의 일에 성취감이 있음	7.22E-02	.748

변 수	No	항 목	요인1	요인2
직무만족	III-5	기여도에 합당한 임금	.241	.561
	III-4	능력을 인정받아 의욕적으로 일	.344	.492
		아이겐 값	2.990	2.659
		설명분산	19.934	17.725
		누적분산	19.934	37.659

2. 신뢰성 검증

본 연구에 사용되는 연구 변수를 측정하기 위해 사용된 설문문항들의 내적 일관성을 판단하기 위해 Cronbach's Alpha를 이용한 신뢰도검증을 하였다. 그 분석결과는 <표 4-6>에 제시하였다. 이 표에서 보는 바와 같이 조직유효성변수의 각 변수에 대해서는 직무만족(0.7646), 조직몰입(0.8215)이 비교적 높은 내적 일관성을 나타내고 있으나 갈등원인과 유형에 대해서는 상대적으로 낮은 내적 일관성을 보이고 있다고 할 수 있다. 그러나 전체적으로 응답자의 신뢰성은 있다고 판단할 수 있다. 경영자특성 변수에 대해서는 단일문항이므로 신뢰성 분석을 실시하지 않았다.

<표 4-6> 각 모델의 신뢰성 검증결과

독립변수와 종속변수	변 수	설문문항 번호(문항 수)	Cronbach's Alpha
갈등원인(독립변수)	상호의존성	I-1, I-2, I-3(3개 문항)	0.5348
	목표차이	I-4, I-5, I-6(3개 문항)	0.5280
갈등유형(독립변수)	수평적 갈등	II-1, II-2, II-3, II-4(4개 문항)	0.6840
	수직적 갈등	II-5, II-6, II-7, II-8(4개 문항)	0.5685
조직유효성(종속변수)	직무만족	III-1, III-2, III-3, III-4, III-5	0.7646
	조직몰입	III-6, III-7, III-8, III-9, III-10	0.8215

3. 변수들의 평균 및 상관관계분석

연구에 사용되는 모든 변수에 대하여 평균분석을 실시한 결과를 간략히 정리하면 <표 4-7>과 같다.

이러한 결과에 기초하여 결과를 해석하면, 갈등원인변수에서는 타 원인보다 상호의존성 원인이 큰 것으로 나타났다. 그리고 갈등유형 에 있어서는 수평적 갈등보다 수직적 갈등이 더 높은 것으로 나타났 다. 또한 응답자들은 조직의 경영자들에 대한 인식에 있어 위험감수 성향보다는 임파워먼트 성향이, 임파워먼트 성향보다 기업가적 성향 이 높은 것으로 평가하고 있다. 끝으로 조직유효성변수에 대해서 살 펴보면, 개인차원의 직무만족이나 조직차원의 조직몰입이 서로 비슷 한 점수를 보이는 것으로 나타났다.

〈표 4-7〉 변수들에 대한 평균분석

독립변수 및 결과변수	변 수	평 균	표준편차
갈등원인	상호의존성	3.1847	0.69526
	목표차이	2.9717	0.70630
갈등유형	수평적 갈등	2.8223	0.66202
	수직적 갈등	3.3229	0.63033
경영자특성	기업가적 성향	3.2800	0.88200
	임파워먼트 성향	3.0800	0.86300
	위험감수 성향	2.8200	0.89000
조직유효성	직무만족	3.1294	0.57268
	조직몰입	3.2467	0.61739

1: 전혀 그렇지 않다. ←   → 5: 매우 그렇다.

이들 변수들 간의 관계를 알아보기 위해 변수들 간 피어슨 상관 관계분석을 실시한 결과 <표 4-8>과 같이 정리할 수 있다. 결과변수

즉 직무만족 및 조직몰입과의 어떤 변수가 관계 깊은지에 대하여 상관관계분석을 실시했다. 독립변수인 갈등원인과 갈등유형이 결과변수인 조직유효성변수와의 관계와 조절변수인 경영자특성 변수와 결과변수인 조직유효성변수의 관계이다. 상관관계분석에서 이들 모든 변수에서 유의적인 관계가 있는 것으로 나타났다. 특히 이들 관계는 유의성의 정도가 높은 것(유의수준이 0.01 이하)으로 나타났다.

이것은 갈등원인이나 유형이 결과변수와의 관계가 깊다는 것을 의미한다. 이들 상관관계에서 갈등원인에 한정하여 보면 타 원인에 비해 지각차이로 인한 갈등원인이 결과변수와의 관계가 높은 것으로 나타났다. 특히 목표차이가 조직유효성과의 관계에서 상관계수가 가장 높은 것은 조직몰입변수이다.

그리고 갈등유형에 한정하여 조직유효성과의 관계를 살펴보면, 수직적 갈등보다 수평적 갈등과의 상관관계가 높은 것으로 나타났다. 또한 조절변수인 경영자특성에 한정하여 조직유효성변수와의 관계를 살펴보면, 리더의 임파워먼트 성향과 결과변수와의 관계가 높은 것으로 나타났다. 이 분석결과에 의하면 모든 독립변수들은 결과변수와 상호관련성이 높다고 할 수 있다.

〈표 4-8〉 변수들 간의 상관관계분석

변 수	개 념	직무만족	조직몰입
갈등원인	상호의존성	-0.169^{**}	-0.254^{**}
	목표차이	-0.138^{**}	-0.290^{**}
갈등유형	수평적 갈등	-0.299^{**}	-0.354^{**}
	수직적 갈등	-0.195^{**}	-0.233^{**}
경영자특성	기업가적 성향	0.257^{**}	0.296^{**}
	임파워먼트 성향	0.333^{**}	0.415^{**}
	위험감수 성향	0.283^{**}	0.284^{**}

주) *은 유의수준이 0.05 미만이며, **은 유의수준이 0.01 미만을 의미한다.

제 3 절 가설의 검증

1. 가설 Ⅰ의 검증

검증할 가설과 세부가설은 갈등원인과 조직유효성 간의 관계에 관련된 것으로 다음과 같다.

가설Ⅰ. 갈등원인이 조직유효성에 유의한 영향을 미칠 때 조직규모가 조절변수로 영향성을 미칠 것이다.

   가설Ⅰ-1   갈등원인이 조직유효성에 유의한 영향을 미칠 때 조직규모가 조절변수로 영향을 미칠 것이다.
   가설Ⅰ-1-1 갈등원인이 직무만족에 유의한 영향을 미칠 때 조직규모가 조절변수로 영향을 미칠 것이다.
   가설Ⅰ-1-2 갈등원인이 조직몰입에 유의한 영향을 미칠 때 조직규모가 조절변수로 영향을 미칠 것이다.

가설Ⅰ을 검증하기 전에 다변량 분산분석의 기본적인 가정을 충족시키기 위한 방법으로 다음과 같은 요소를 충족해야 한다.

먼서 공분산행렬에 대한 Box의 동일성 검정에서 공분산행렬에 대한 동등성은 다변량 분산분석의 기본적인 가정에 속한다. 한 집단과 다른 집단 간의 분산 량에 차이가 있는지에 대한 것이다. 동등성에 대한 조건을 엄밀히 검정해야 하는 이유는 분산분석에서 단일의 변수에 대한 분산이 동등하다는 것을 검토하는 대신에 다변량 분산분석 검정에서는 종속변수들의 공분산행렬의 모든 요소들을 검토하기 때문이다.

본 연구에서의 <표 4-19> 가설Ⅰ의 공분산행렬에 대한 Box의 동일성 검정에서 유의확률이 0.193으로 종속변수의 관측공분산행렬이 동일하다는 영가설이 채택되므로, 공분산행렬이 동등하다는 기본조건을 충족시키고 있다고 볼 수 있다.

〈표 4-9〉 가설Ⅰ의 공분산행렬에 대한 Box의 동일성 검정

Box의 M	28.604
F	1.255
자유도1	21
자유도2	11342.311
유의확률	.193

주) 여러 집단에서 종속변수의 관측 공분산행렬이 동일하다는 영가설을 검정한다. 검정하는 모델은 다음과 같다.
　　모델: Intercept + 조직규모 + 갈등원인 + 조직규모 * 갈등원인

다변량 분산분석의 기본조건으로 종속변수들 간의 상관관계이다. 이러한 경우 Bartlett 구형성 검정으로 유의한 결과를 얻어야 상호관계의 수준을 충족시킨다고 할 수 있다. <표 4-10>의 결과에 의하면 유의확률이 0.000으로 통계적으로 유의하므로 다변량 분산분석을 위한 두 번째의 기본조건을 충족한다고 할 수 있다.

〈표 4-10〉 가설Ⅰ의 Bartlett의 구형성 검정

우도비	.000
근사 카이제곱	47.155
자유도	2
유의확률	.000

주) 잔차 공분산행렬이 단위행렬에 비례하는 영가설을 검정한다. 검정하는 모델은 다음과 같다.
　　모델: Intercept + 조직규모 + 갈등원인 + 조직규모 * 갈등원인

다변량 분산분석을 위한 기본조건의 충족성 검정을 위하여 행한 <표 4-11> 가설 I 의 오차분산에 대한 동일성 검정은 종속변수의 분산이 집단 간에 동질적이어야 하며, 집단 간의 규모가 동일하지 않은 경우도 집단의 차이에 대한 통계적 검정이 민감도에 영향을 미치지 않으려면 유의하지 않아야 한다(p > 0.05).

<표 4-11>에서 보는 바와 같이 검정결과의 유의확률이 각각 0.451 (직무만족), 0.148(조직몰입)이므로 영가설이 채택된다. 그러므로 다변량 분산분석을 위한 세 번째 충족조건이 충족한다고 할 수 있다.

〈표 4-11〉 가설 I 의 오차분산의 동일성에 대한 Levene의 검정

	F	자유도1	자유도2	유의확률
직무만족	.978	7	101	.451
조직몰입	1.586	7	101	.148

주) 여러 집단에서 종속변수의 오차분산이 동일하다는 영가설을 검정한다. 검정하는 모델은 다음과 같다.
모델: Intercept + 조직규모 + 갈등원인 + 조직규모 * 갈등원인

<표 4-12> 가설 I 의 다변량 분산분석에서는 연구자의 연구목적에 따라서 Pillai의 트레이스, Wilks의 람다, Hotelling의 트레이스, Roy의 최대 근 등을 사용하게 된다. <표 4-12>에서 보는 바와 같이 갈등원인은 직무만족과 조직몰입에 영향을 주고 있다는 것을 알 수 있다.(Wilks의 람다, p = 0.000 < 0.05).

그러나 조직규모변수와 조직유효성변수의 관계는 모든 것으로 통계적으로 유의하지 않는 것으로 나타났으며, 또한 갈등원인변수와 조직유효성변수의 관계에서 조직규모변수의 조절효과는 없는 것으로 나타났다.

〈표 4-12〉 가설Ⅰ의 다변량 검정

효과		값	F	가설 자유도	오차 자유도	유의 확률	부분 에타 제곱	비중심 모수	관측 검정력
절편	Pillai의 트레이스	.967	1477.931	2.000	100.000	.000	.967	2955.861	1.000
	Wilks의 람다	.033	1477.931	2.000	100.000	.000	.967	2955.861	1.000
	Hotelling의 트레이스	29.559	1477.931	2.000	100.000	.000	.967	2955.861	1.000
	Roy의 최대 근	29.559	1477.931	2.000	100.000	.000	.967	2955.861	1.000
조직 규모	Pillai의 트레이스	.023	1.163	2.000	100.000	.317	.023	2.327	.250
	Wilks의 람다	.977	1.163	2.000	100.000	.317	.023	2.327	.250
	Hotelling의 트레이스	.023	1.163	2.000	100.000	.317	.023	2.327	.250
	Roy의 최대 근	.023	1.163	2.000	100.000	.317	.023	2.327	.250
갈등 원인	Pillai의 트레이스	.256	4.951	6.000	202.000	.000	.128	29.705	.992
	Wilks의 람다	.744	5.304	6.000	200.000	.000	.137	31.823	.995
	Hotelling의 트레이스	.343	5.653	6.000	198.000	.000	.146	33.918	.997
	Roy의 최대 근	.340	11.441	3.000	101.000	.000	.254	34.323	.999
조직 규모 * 갈등 원인	Pillai의 트레이스	.087	1.533	6.000	202.000	.169	.044	9.196	.585
	Wilks의 람다	.913	1.552	6.000	200.000	.163	.044	9.314	.591
	Hotelling의 트레이스	.095	1.571	6.000	198.000	.157	.045	9.428	.597
	Roy의 최대 근	.094	3.179	3.000	101.000	.027	.086	9.538	.721

주) 1. 유의수준 p < 0.05
　　2. 분석모델: Intercept + 조직규모 + 갈등원인 + 조직규모 * 갈등원인

　　지금까지 분석을 기초로 가설Ⅰ의 검정을 실시하여 그 결과를
<표 4-13>과 같이 요약할 수 있다. 이 <표 4-13>에 의하면 종속변수
인 직무만족과 조직몰입에의 영향이 있는 변수는 유의확률이 0.05
이하로 나타난 갈등원인변수이다. 조절변수인 조직규모의 유의확률
은 0.05 이상이고, 또한 조직규모와 갈등원인 결합된 '조직규모*갈등
원인'변수도 0.05 이상이므로 통계적으로 유의적인 영향이 없는 것
으로 나타났다.
　　결론적으로 <표 4-13> 가설Ⅰ의 개체-간 효과검정에서 조직규모
와 갈등원인에 따른 직무만족과 조직몰입에 대한 조절효과는 유의수

준 0.05에서 유의하지 않았다. 이로써 가설Ⅰ의 '갈등원인이 직무만족에 유의한 영향을 미칠 때 조직규모가 조절변수로 영향을 미칠 것이다.'라는 가설Ⅰ-1-1과 '갈등원인이 조직몰입에 유의한 영향을 미칠 때 조직규모가 조절변수로 영향을 미칠 것이다.'라는 Ⅰ-1-2는 기각되었다.

〈표 4-13〉 가설Ⅰ의 개체 - 간 효과검정

소 스	종속변수	제Ⅲ유형 제곱 합	자유도	평균제곱	F	유의 확률	부분에 타제곱	비중심 모수	관측 검정력
수정모형	직무만족	6.771	7	.967	2.360	.028	.141	16.523	.833
	조직몰입	14.810	7	2.116	5.482	.000	.275	38.376	.998
절편	직무만족	943.778	1	943.778	2302.846	.000	.958	2302.846	1.000
	조직몰입	966.751	1	966.751	2505.022	.000	.961	2505.022	1.000
조직규모	직무만족	.843	1	.843	2.057	.155	.020	2.057	.295
	조직몰입	7.855E-02	1	7.855E-02	.204	.653	.002	.204	.073
갈등원인	직무만족	5.365	3	1.788	4.364	.006	.115	13.091	.859
	조직몰입	13.246	3	4.415	11.441	.000	.254	34.323	.999
조직규모 * 갈등원인	직무만족	.650	3	.217	.529	.664	.015	1.586	.155
	조직몰입	.873	3	.291	.754	.522	.022	2.262	.207
오 차	직무만족	41.393	101	.410					
	조직몰입	38.978	101	.386					
합 계	직무만족	1118.720	109						
	조직몰입	1139.440	109						
수정합계	직무만족	48.164	108						
	조직몰입	53.789	108						

주) 1. 유의수준=.05을(를) 사용하여 계산(p < 0.05)
2. 직무만족=.141 (수정된 R 제곱=.081)
3. 조직몰입=.275 (수정된 R 제곱=.225)

그리고 다음에 서술되는 가설Ⅰ-2의 검정을 <표 4-13>의 분석결과를 기초로 수행하여 보자.

가설Ⅰ-2　갈등원인은 조직유효성에 유의한 영향을 미칠 것이다.
가설Ⅰ-2-1 갈등원인은 직무만족에 유의한 영향을 미칠 것이다.
가설Ⅰ-2-2 갈등원인은 조직몰입에 유의한 영향을 미칠 것이다.

<표 4-13> 가설Ⅰ의 개체-간 효과검정에서 보면 갈등원인은 조직
유효성에 유의한 차이를 보이고 있다. 이는 갈등의 원인인 상호의존
성과 목표차이가 조직유효성변수인 직무만족과 조직몰입에 유의한 차
이(유의확률이 각각 0.006, 0.000임)를 보인다고 말할 수 있다. 이러한
사실은 다중비교의 사후분석결과를 요약한 <표 4-14>에서 검정되고
있다. 이러한 결과에 의하면 가설Ⅰ-2-1과 가설Ⅰ-2-2는 채택되었다.

　가설Ⅰ의 다중비교의 사후분석인 Tukey HSD, Scheffe, LSD의 분
석방법에 의해 나타난 분석결과인 <표 4-14>와 <표 4-15>에 의하면
갈등원인인 상호의존성과 목표차이가 낮은 집단과 상호의존성과 목
표차이가 높은 집단 간의 직무만족에 차이를 확인할 수 있었다. 또
한 이는 갈등원인인 상호의존성과 목표차이가 낮은 집단이 높은 집
단에 비해서 직무만족과 조직몰입에 긍정적으로 영향을 미치고 있는
것이다. 이것은 갈등의 요소가 낮다면 직무만족과 조직몰입에 긍정
적인 영향을 준다고 말할 수 있다.

<표 4-14> 가설Ⅰ의 다중비교(직무만족)

종속 변수		(Ⅰ) 갈등 원인	(J) 갈등 원인	평균 차 I-J)	표준 오차	유의 확률	95% 신뢰구간	
							하한 값	상한 값
직무 만족	Tukey HSD	1.00	2.00	.3926	.1948	.189	-.1163	.9015
			3.00	.3196	.1863	.321	-.1670	.8062
			4.00	.5606	.1572	**.003****	.1499	.9712
		2.00	1.00	-.3926	.1948	.189	-.9015	.1163
			3.00	-7.3016E-02	.2056	.985	-.6102	.4642
			4.00	.1680	.1797	.786	-.3015	.6374

종속변수		(I) 갈등 원인	(J) 갈등 원인	평균 차 I-J)	표준 오차	유의 확률	95% 신뢰구간 하한 값	상한 값
직무 만족	Tukey HSD	3.00	1.00	-.3196	.1863	.321	-.8062	.1670
			2.00	7.302E-02	.2056	.985	-.4642	.6102
			4.00	.2410	.1704	.494	-.2042	.6862
		4.00	1.00	-.5606	.1572	**.003****	-.9712	-.1499
			2.00	-.1680	.1797	.786	-.6374	.3015
			3.00	-.2410	.1704	.494	-.6862	.2042
	Scheffe	1.00	2.00	.3926	.1948	.261	-.1613	.9465
			3.00	.3196	.1863	.405	-.2100	.8492
			4.00	.5606	.1572	**.007****	.1136	1.0075
		2.00	1.00	-.3926	.1948	.261	-.9465	.1613
			3.00	-7.3016E-02	.2056	.988	-.6577	.5116
			4.00	.1680	.1797	.832	-.3430	.6789
		3.00	1.00	-.3196	.1863	.405	-.8492	.2100
			2.00	7.302E-02	.2056	.988	-.5116	.6577
			4.00	.2410	.1704	.575	-.2436	.7255
		4.00	1.00	-.5606	.1572	**.007****	-1.0075	-.1136
			2.00	-.1680	.1797	.832	-.6789	.3430
			3.00	-.2410	.1704	.575	-.7255	.2436
	LSD	1.00	2.00	.3926	.1948	**.047**	6.160E-03	.7790
			3.00	.3196	.1863	.089	-4.9923E-02	.6891
			4.00	.5606	.1572	**.001****	.2487	.8724
		2.00	1.00	-.3926	.1948	**.047***	-.7790	-6.1603E-03
			3.00	-7.3016E-02	.2056	.723	-.4809	.3349
			4.00	.1680	.1797	.352	-.1886	.5245
		3.00	1.00	-.3196	.1863	.089	-.6891	4.992E-02
			2.00	7.302E-02	.2056	.723	-.3349	.4809
			4.00	.2410	.1704	.160	-9.7115E-02	.5791
		4.00	1.00	-.5606	.1572	**.001****	-.8724	-.2487
			2.00	-.1680	.1797	.352	-.5245	.1886
			3.00	-.2410	.1704	.160	-.5791	9.711E-02

*는 유의확률이 0.05수준에서 유의하고, **는 0.01수준에서 유의함.

<표 4-14> 가설 I의 다중비교(조직몰입)

종속변수		(I) 갈등원인	(J) 갈등원인	평균 차 (I-J)	표준오차	유의확률	95% 신뢰구간	
							하한 값	상한 값
조직몰입	Tukey HSD	1.00	2.00	.6111	.1890	.009**	.1173	1.1049
			3.00	.6095	.1808	.006**	.1373	1.0817
			4.00	.9101	.1525	.000**	.5116	1.3086
		2.00	1.00	-.6111	.1890	.009**	-1.1049	-.1173
			3.00	-1.5873E-03	.1995	1.000	-.5229	.5197
			4.00	.2990	.1744	.322	-.1566	.7546
		3.00	1.00	-.6095	.1808	.006**	-1.0817	-.1373
			2.00	1.587E-03	.1995	1.000	-.5197	.5229
			4.00	.3006	.1654	.271	-.1315	.7326
		4.00	1.00	-.9101	.1525	.000**	-1.3086	-.5116
			2.00	-.2990	.1744	.322	-.7546	.1566
			3.00	-.3006	.1654	.271	-.7326	.1315
	Scheffe	1.00	2.00	.6111	.1890	.019*	7.365E-02	1.1486
			3.00	.6095	.1808	.013**	9.561E-02	1.1234
			4.00	.9101	.1525	.000**	.4764	1.3438
		2.00	1.00	-.6111	.1890	.019*	-1.1486	-7.3648E-02
			3.00	-1.5873E-03	.1995	1.000	-.5689	.5658
			4.00	.2990	.1744	.406	-.1969	.7948
		3.00	1.00	-.6095	.1808	.013*	-1.1234	-9.5610E-02
			2.00	1.587E-03	.1995	1.000	-.5658	.5689
			4.00	.3006	.1654	.352	-.1697	.7708
		4.00	1.00	-.9101	.1525	.000**	-1.3438	-.4764
			2.00	-.2990	.1744	.406	-.7948	.1969
			3.00	-.3006	.1654	.352	-.7708	.1697
	LSD	1.00	2.00	.6111	.1890	.002**	.2361	.9861
			3.00	.6095	.1808	.001**	.2510	.9681
			4.00	.9101	.1525	.000**	.6075	1.2127
		2.00	1.00	-.6111	.1890	.002**	-.9861	-.2361
			3.00	-1.5873E-03	.1995	.994	-.3974	.3943
			4.00	.2990	.1744	.090	-4.6996E-02	.6449

종속 변수		(Ⅰ) 갈등 원인	(J) 갈등 원인	평균 차 (Ⅰ-J)	표준 오차	유의 확률	95% 신뢰구간	
							하한 값	상한 값
조직 몰입	LSD	3.00	1.00	-.6095	.1808	**.001**[**]	-.9681	-.2510
			2.00	1.587E-03	.1995	.994	-.3943	.3974
			4.00	.3006	.1654	.072	-2.7527E-02	.6286
		4.00	1.00	-.9101	.1525	**.000**[**]	-1.2127	-.6075
			2.00	-.2990	.1744	.090	-.6449	4.700E-02
			3.00	-.3006	.1654	.072	-.6286	2.753E-02

*는 유의확률이 0.05수준에서 유의하고, **는 0.01수준에서 유의함.

　가설Ⅰ의 세부가설인 조직규모와 조직유효성 간의 관계를 서술한 다음 가설을 <표 4-13>에 의해 검정하여 보자.

가설Ⅰ-3　　조직규모는 조직유효성에 유의한 영향을 미칠 것이다.
가설Ⅰ-3-1 조직규모는 직무만족에 유의한 영향을 미칠 것이다.
가설Ⅰ-3-2 조직규모는 조직몰입에 유의한 영향을 미칠 것이다.

　<표 4-13>의 가설Ⅰ의 개체-간 효과검정결과에 의하면 기업규모와 조직유효성변수인 직무만족과 조직몰입변수의 관계에서 유의확률이 각각 0.155, 0.663이므로 0.05수준에서 유의적인 관계를 보이고 있다고 말할 수 없다. 그러므로 유의적인 영향을 미칠 것이라는 가설Ⅰ-3-1과 가설Ⅰ-3-2는 기각되었다.

2. 가설 Ⅱ의 검증

　다음은 갈등원인과 조직유효성의 관계에서 기업가정신변수가 조절할 것이라는 가설에 대한 검정이다. 구체적인 가설의 내용은 다음과 같다.

가설Ⅱ. 갈등원인이 조직유효성에 유의한 영향을 미칠 때 기업가정
　　　　신이 조절변수로 영향성을 미칠 것이다.

　가설Ⅱ-1　갈등원인이 조직유효성에 유의한 영향을 미칠 때 기업
　　　　　　가정신이 조절변수로 영향을 미칠 것이다.
　가설Ⅱ-1-1 갈등원인이 직무만족에 유의한 영향을 미칠 때 기업가
　　　　　　정신이 조절변수로 영향을 미칠 것이다.
　가설Ⅱ-1-2 갈등원인이 조직몰입에 유의한 영향을 미칠 때 기업가
　　　　　　정신이 조절변수로 영향을 미칠 것이다.

　가설Ⅱ를 검증하기 전에 가설Ⅰ에서 행한 다변량 분산분석을 위한
기본적 가정의 충족여부를 검정한다. 그것은 공분산행렬의 동일성과
Bartlett의 구형성 검정 그리고 오차분산의 동일성에 대한 Levene의
검정을 실시하여 가설에 대한 기본적인 조건을 충족시키고 있는지를
밝혀내는 것이다.
　본 연구에서의 <표 4-15> 가설Ⅱ의 공분산행렬에 대한 Box의 동
일성 검정에서 유의확률이 0.197로 종속변수의 관측공분산행렬이 동
일하다는 영가설이 채택되므로, 공분산행렬이 동등하다는 기본조건
을 충족시키고 있다고 할 수 있다.

〈표 4-15〉 가설Ⅱ의 공분산행렬에 대한 Box의 동일성 검정

Box의 M	33.459
F	1.255
자유도1	21
자유도2	895.970
유의확률	.197

주) 여러 집단에서 종속변수의 관측공분산행렬이 동일하다는 영가설을 검정한다. 검정
　하는 모델은 다음과 같다.
　모델: Intercept + 조직규모 + 갈등원인 + 조직규모 * 갈등원인

다변량 분산분석의 기본조건으로 종속변수들 간의 상관관계이다. 이러한 경우 Bartlett 구형성 검정으로 유의한 결과를 얻어야 상호관계의 수준을 충족시킨다고 할 수 있다. <표 4-16>의 결과에 의하면 유의확률이 0.000으로 0.05유의수준보다 작으므로 통계적으로 유의하므로 다변량 분산분석을 위한 두 번째의 기본조건을 충족한다고 할 수 있다. 즉 본 연구에서는 유의한 결과를 얻어 상호관계의 수준을 충족시키고 있다고 할 수 있다.

〈표 4-16〉 가설 II 의 Bartlett의 구형성 검정

우도비	.000
근사 카이제곱	25.250
자유도	2
유의확률	.000

주) 잔차 공분산행렬이 단위행렬에 비례하는 영가설을 검정한다. 검정하는 모델은 다음과 같다.
모델: Intercept + 조직규모 + 갈등원인 + 조직규모 * 갈등원인

다변량 분산분석을 위한 기본조건의 충족성 검정을 위하여 행한 <표 4-17> 가설 II 의 오차분산에 대한 동일성 검정은 종속변수의 분산이 집단 간에 동질적이어야 하며, 집단 간의 규모가 동일하지 않은 경우도 집단의 차이에 대한 통계적 검정이 민감도에 영향을 미치지 않으려면 유의하지 않아야 한다(p > 0.05).

<표 4-17>에서 보는 바와 같이 검정결과의 유의확률은 직무만족의 조직유효성변수가 0.741이며, 조직몰입의 유효성변수가 0.024이다. 이것은 0.05유의수준에서 직무만족에서는 영가설이 채택되며, 조직몰입에서는 기각된다. 부분적으로 다변량 분산분석을 위한 세 번째 조건이 부분적으로 충족되었다고 할 수 있다.

〈표 4-17〉 가설Ⅱ의 오차분산의 동일성에 대한 Levene의 검정

	F	자유도1	자유도2	유의확률
직무만족	.615	7	60	.741
조직몰입	2.521	7	60	.024

주) 여러 집단에서 종속변수의 오차분산이 동일하다는 영가설을 검정한다. 검정하는
모델은 다음과 같다.
모델: Intercept + 조직규모 + 갈등원인 + 조직규모 * 갈등원인

지금까지 가설Ⅱ의 검정을 위하여 다변량 분산분석의 세 가지 기본적인 가정을 검정하였다. 그 결과 모두 기본적인 가정이 충족하는 것으로 판명되었다. 그러면 본격적인 가설검정을 위하여 기초적인 다변량 분산분석을 수행하면 <표 4-18>과 같이 요약할 수 있다.

이 <표 4-18>에서 보는 바와 같이 기업가정신은 유효성변수인 직무만족과 조직몰입변수에 영향을 미치고 있다고 할 수 있다.(Wilks 람다, p=0.001<0.05). 그러나 갈등원인과 조직유효성변수와의 관계에서 Roy의 최대 근을 제외하고는 0.05수준에서 유의성이 없는 것으로 나타났다. 게다가 기업가정신과 갈등원인이 결합된 조절효과변수의 모든 통계적 검정은 유의적이지 않는 것으로 나타났다.

〈표 4-18〉 가설Ⅱ의 다변량 검정

효과		값	F	가설 자유도	오차 자유도	유의 확률	부분에 타제곱	비중심 모수	관측 검정력
절편	Pillai의 트레이스	.957	651.997	2.000	59.000	.000	.957	1303.994	1.000
	Wilks의 람다	.043	651.997	2.000	59.000	.000	.957	1303.994	1.000
	Hotelling의 트레이스	22.102	651.997	2.000	59.000	.000	.957	1303.994	1.000
	Roy의 최대근	22.102	651.997	2.000	59.000	.000	.957	1303.994	1.000

효과		값	F	가설 자유도	오차 자유도	유의 확률	부분에 타제곱	비중심 모수	관측 검정력
기업가 정신	Pillai의 트레이스	.213	7.990	2.000	59.000	.001**	.213	15.980	.946
	Wilks의 람다	.787	7.990	2.000	59.000	.001**	.213	15.980	.946
	Hotelling의 트레이스	.271	7.990	2.000	59.000	.001**	.213	15.980	.946
	Roy의 최대 근	.271	7.990	2.000	59.000	.001**	.213	15.980	.946
갈등 원인	Pillai의 트레이스	.181	1.996	6.000	120.000	.071	.091	11.973	.710
	Wilks의 람다	.821	2.044	6.000	118.000	.065	.094	12.265	.722
	Hotelling의 트레이스	.216	2.090	6.000	116.000	.060	.098	12.541	.733
	Roy의 최대 근	.204	4.084	3.000	60.000	.010**	.170	12.252	.822
기업가정신 * 갈등원인	Pillai의 트레이스	.105	1.107	6.000	120.000	.362	.052	6.642	.423
	Wilks의 람다	.896	1.107	6.000	118.000	.362	.053	6.644	.423
	Hotelling의 트레이스	.115	1.107	6.000	116.000	.363	.054	6.642	.422
	Roy의 최대 근	.102	2.043	3.000	60.000	.117	.093	6.130	.499

주) 1. *는 유의확률이 0.05수준에서 유의하고, **는 0.01수준에서 유의함.
　　2. 다변량 분석모델: Intercept + 기업가정신 + 갈등원인 + 기업가정신 * 길등원인

　<표 4-18>의 다변량 분산분석을 기초로 행한 개체-간 효과검정은 다시 <표 4-19>와 같이 요약할 수 있다. 이 <표 4-19>에 의하면 '기업가정신 * 갈등원인'의 유의확률이 각각 0.321과 0.842로 0.05수준보다 못하므로, 갈등원인과 기업가정신이 결합하여 조직유효성변수에 미치는 조절효과는 없다고 할 수 있다.

〈표 4-19〉 가설Ⅱ의 개체-간 효과검정

소 스	종속변수	제Ⅲ유형 제곱 합	자유 도	평균 제곱	F	유의 확률	부분에 타제곱	비중심 모수	관측 검정력
수정모형	직무만족	13.011	7	1.859	4.196	.001	.329	29.374	.980
	조직몰입	16.580	7	2.369	5.159	.000	.376	36.110	.995
절 편	직무만족	486.545	1	486.545	1098.431	.000	.948	1098.431	1.000
	조직몰입	462.389	1	462.389	1007.045	.000	.944	1007.045	1.000
기업가 정 신	직무만족	7.020	1	7.020	15.848	.000	.209	15.848	.975
	조직몰입	3.758	1	3.758	8.184	.006	.120	8.184	.804
갈등원인	직무만족	.408	3	.136	.307	.820	.015	.922	.106
	조직몰입	4.414	3	1.471	3.205	.029	.138	9.614	.712
기업가정신 * 갈등원인	직무만족	1.581	3	.527	1.190	.321	.056	3.570	.304
	조직몰입	.382	3	.127	.277	.842	.014	.831	.100
오 차	직무만족	26.577	60	.443					
	조직몰입	27.549	60	.459					
합 계	직무만족	674.600	68						
	조직몰입	677.920	68						
수정합계	직무만족	39.588	67						
	조직몰입	44.129	67						

주) 1. 유의수준=.05을(를) 사용하여 계산(p〈0.05)
    2. 직무만족=.329 (수정된 R 제곱=.250)
    3. 조직몰입=.376 (수정된 R 제곱=.303)

그러므로 가설Ⅱ의 '갈등원인이 직무만족에 유의한 영향을 미칠 때 기업가정신이 조절변수로 영향을 미칠 것이다.'는 가설Ⅱ-1-1과 '갈등원인이 조직몰입에 유의한 영향을 미칠 때 기업가정신이 조절변수로 영향을 미칠 것이다.'라는 가설Ⅱ-1-2는 <표 4-19> 가설Ⅱ의 개체-간 효과검정에 의해서 통계적으로 유의하지 않았다. 이로써 가설Ⅱ-1-1과 가설Ⅱ-1-2는 기각되었다.

그리고 다음에 제시된 세부적인 가설인 갈등원인과 조직유효성의 관계에 대하여 다변량 분산분석결과인 <표 4-19>에 의해 검증한다.

가설Ⅱ-2　갈등원인은 조직유효성에 유의한 영향을 미칠 것이다.
가설Ⅱ-2-1 갈등원인은 직무만족에 유의한 영향을 미칠 것이다.
가설Ⅱ-2-2 갈등원인은 조직몰입에 유의한 영향을 미칠 것이다.

<표 4-19> 가설Ⅱ의 개체-간 검정효과의 분석결과에서 갈등원인은 조직몰입에 유의한 영향을 미치지만(유의확률 0.029<유의수준 0.05), 직무만족에는 통계적으로 유의한 영향을 미치지 않고 있다(유의확률 0.820<유의수준 0.05)고 할 수 있다. 이로써 '갈등원인은 직무만족에 유의한 영향을 미칠 것이다.'는 가설Ⅱ-2-1은 기각되었으며, '갈등원인은 조직몰입에 유의한 영향을 미칠 것이다.'는 가설Ⅱ-2-2는 채택되었다. 이것은 <표 4-20>에 요약된 구체적인 사후검정으로도 그 결과를 확인할 수 있다.

〈표 4-20〉 가설Ⅱ의 다중비교

종속 변수		(Ⅰ) 갈등 원인	(J) 갈등 원인	평균 차 (Ⅰ-J)	표준오차	유의 확률	95% 신뢰구간	
							하한 값	상한 값
조직 몰입	Tukey HSD	1.00	2.00	.4526	.2499	.278	-.2076	1.1129
			3.00	.7860	.2499	.013*	.1257	1.4462
			4.00	1.0366	.2062	.000**	.4917	1.5816
		2.00	1.00	-.4526	.2499	.278	-1.1129	.2076
			3.00	.3333	.2766	.626	-.3977	1.0643
			4.00	.5840	.2380	.078	-4.4842E-02	1.2128
		3.00	1.00	-.7860	.2499	.013*	-1.4462	-.1257
			2.00	-.3333	.2766	.626	-1.0643	.3977
			4.00	.2507	.2380	.719	-.3782	.8795
		4.00	1.00	-1.0366	.2062	.000**	-1.5816	-.4917
			2.00	-.5840	.2380	.078	-1.2128	4.484E-02
			3.00	-.2507	.2380	.719	-.8795	.3782

종속 변수		(Ⅰ) 갈등 원인	(J) 갈등 원인	평균 차 (Ⅰ-J)	표준오차	유의 확률	95% 신뢰구간	
							하한 값	상한 값
조직 몰입	Scheffe	1.00	2.00	.4526	.2499	.359	-.2661	1.1713
			3.00	.7860	.2499	**.026***	6.725E-02	1.5047
			4.00	1.0366	.2062	**.000****	.4434	1.6299
		2.00	1.00	-.4526	.2499	.359	-1.1713	.2661
			3.00	.3333	.2766	.695	-.4624	1.1291
			4.00	.5840	.2380	.122	-.1005	1.2685
		3.00	1.00	-.7860	.2499	**.026***	-1.5047	-6.7250E-02
			2.00	-.3333	.2766	.695	-1.1291	.4624
			4.00	.2507	.2380	.775	-.4338	.9352
		4.00	1.00	-1.0366	.2062	**.000****	-1.6299	-.4434
			2.00	-.5840	.2380	.122	-1.2685	.1005
			3.00	-.2507	.2380	.775	-.9352	.4338
	LSD	1.00	2.00	.4526	.2499	.075	-4.7158E-02	.9524
			3.00	.7860	.2499	**.003****	.2862	1.2858
			4.00	1.0366	.2062	**.000****	.6241	1.4492
		2.00	1.00	-.4526	.2499	.075	-.9524	4.716E-02
			3.00	.3333	.2766	.233	-.2200	.8867
			4.00	.5840	.2380	**.017***	.1080	1.0600
		3.00	1.00	-.7860	.2499	**.003****	-1.2858	-.2862
			2.00	-.3333	.2766	.233	-.8867	.2200
			4.00	.2507	.2380	.296	-.2253	.7267
		4.00	1.00	-1.0366	.2062	**.000****	-1.4492	-.6241
			2.00	-.5840	.2380	**.017***	-1.0600	-.1080
			3.00	-.2507	.2380	.296	-.7267	.2253

주) 1. *는 0.05수준에서, **는 0.01수준에서 유의함을 나타낸다.
　　2. 관측된 데이터의 평균값을 기초로 분석된다.

<표 4-20>에 의하면 갈등원인과 조직몰입의 관계에서 사후검정의 세 방식 모두에서 유의적인 차이가 있는 것으로 나타났다. 즉 갈등

원인이 낮은 집단은 갈등원인이 높은 집단보다 조직몰입에 긍정적인 영향을 미치고 있다는 것으로 나타났다.

그리고 기업가정신과 조직유효성의 관계에 관련된 다음 가설을 <표 4-19>에 의해 검정하여 보자.

가설Ⅱ-3　기업가정신은 조직유효성에 유의한 영향을 미칠 것이다.
가설Ⅱ-3-1 기업가정신은 직무만족에 유의한 영향을 미칠 것이다.
가설Ⅱ-3-2 기업가정신은 조직몰입에 유의한 영향을 미칠 것이다.

<표 4-19>의 가설Ⅱ의 개체-간 검정효과 결과에 의하면 기업가정신과 조직유효성변수의 관계에 대한 유의확률이 각각 0.000, 0.006으로 0.01수준에서 유의한 것으로 나타났다. 이것은 기업가정신이 조직유효성변수인 직무만족과 조직몰입에 긍정적인 영향을 미치고 있는 것을 의미한다고 할 수 있다. 그러므로 '기업가정신은 직무만족에 유의한 영향을 미칠 것이다.'는 가설Ⅱ-3-1과 '기업가정신은 조직몰입에 유의한 영향을 미칠 것이다.'는 가설Ⅱ-3-2는 채택되었다.

3. 가설 Ⅲ의 검증

검증할 가설과 세부가설은 갈등유형과 조지유효성이 관계에 관련된 것으로 다음과 같다.

가설Ⅲ. 갈등유형이 조직유효성에 유의한 영향을 미칠 때 조직규모가 조절변수로 영향성을 미칠 것이다.

가설Ⅲ-1 갈등유형이 조직유효성에 유의한 영향을 미칠 때 조직
규모가 조절변수로 영향을 미칠 것이다.

가설Ⅲ-1-1 갈등유형이 직무만족에 유의한 영향을 미칠 때 조직규
모가 조절변수로 영향을 미칠 것이다.

가설Ⅲ-1-2 갈등유형이 조직몰입에 유의한 영향을 미칠 때 조직규
모가 조절변수로 영향을 미칠 것이다.

가설Ⅲ을 검증하기 전에 이전과 마찬가지로 다변량 분산분석을 위
한 기본적인 가정의 충족여부를 판단하기 위한 분석으로 공분산행렬
에 대한 Box의 동일성 검정결과는 <표 4-21>과 같이 요약할 수 있
다. 이 <표 4-21>에 의하면 유의확률이 0.486으로 0.05유의수준보다
크므로 여러 집단에서 종속변수의 관측공분산행렬이 동일하다는 영
가설은 채택된다. 그러므로 다변량 분산분석을 위한 첫 번째 가정
즉 공분산행렬이 동일해야 한다는 가정은 충족된다고 할 수 있다.

〈표 4-21〉 가설Ⅲ의 공분산행렬에 대한 Box의 동일성 검정

Box의 M	22.613
F	.980
자유도1	21
자유도2	3685.169
유의확률	.486

주) 1. 여러 집단에서 종속변수의 관측공분산행렬이 동일한 영가설을 검정한다.
　　2. 분석모델: Intercept＋조직규모＋갈등유형＋조직규모 ＊ 갈등유형

두 번째로 다변량 분산분석의 기본조건은 종속변수들 간의 상관관
계이다. 이러한 경우 Bartlett 구형성 검정으로 유의한 결과를 얻어야
상호관계의 수준을 충족시킨다고 할 수 있다. <표 4-22>에 의하면
검정의 유의확률이 0.000으로 0.05유의수준보다 낮으므로 영가설은

기각되며 본 연구에서의 가설Ⅲ의 Bartlett의 구형성 검정에서 유의
한 결과를 나타낸다고 할 수 있다.

〈표 4-22〉 가설Ⅲ의 Bartlett의 구형성 검정

우도비	.000
근사 카이제곱	47.474
자유도	2
유의확률	.000

주) 1. 잔차 공분산행렬이 단위행렬에 비례하는 영가설을 검정한다.
   2. 분석모델: Intercept + 조직규모 + 갈등유형 + 조직규모 * 갈등유형

다변량 분산분석의 <표 4-23> 가설Ⅲ의 오차분산에 대한 동일성
검정은 종속변수의 분산이 집단 간에 동질적이어야 하며, 집단 간의
규모가 동일하지 않은 경우도 집단의 차이에 대한 통계적 검정이 민
감도에 영향을 미치지 않으려면 유의하지 않아야 한다(p > 0.05).
   <표 4-23>에서 보는 바와 같이 검정결과의 유의확률이 각각 0.588
(직무만족), 0.530(조직몰입)이므로 영가설이 채택된다. 그러므로 다변
량 분산분석을 위한 세 번째 조건은 충족된다고 할 수 있다.

〈표 4-23〉 가설Ⅲ의 오차분산의 동일성에 대한 Levene의 검정

	F	자유도1	자유도2	유의확률
직무만족	.801	7	151	.588
조직몰입	.873	7	151	.530

주) 1. 여러 집단에서 종속변수의 오차분산이 동일한 영가설을 검정한다.
   2. 분석모델: Intercept + 조직규모 + 갈등유형 + 조직규모 * 갈등유형

<표 4-24>는 가설Ⅲ을 검정하기 위하여 분석모델의 각각의 변수
와 절편에 대하여 4가지 검정을 행한 결과이다. 이 <표 4-24>의 검

정결과에 의해 개략적으로 살펴보면 갈등유형과 관련된 모든 유의확률의 값이 0.000으로 0.05유의수준보다 낮으므로 갈등유형이 조직유효성변수에 영향을 주고 있다고 할 수 있다. 또한 기업규모*갈등유형변수에서 Roy의 최대 근이 0.056으로 유의수준 0.05보다 약간 높으나 다소 의미를 부여할 수 있는 영향은 있다고 할 수 있다. 그러나 기업규모변수는 조직유효성에 영향을 미치고 있지 한다고 할 수 있다. 이러한 사실은 개체-간 효과검정결과를 요약한 <표 4-25>에서 더욱 명확히 파악할 수 있다.

〈표 4-24〉 가설Ⅲ의 다변량 검정

효과		값	F	가설자유도	오차자유도	유의확률	부분에타제곱	비중심모수	관측검정력
절편	Pillai의 트레이스	.954	1541.509	2.000	150.000	.000	.954	3083.019	1.000
	Wilks의 람다	.046	1541.509	2.000	150.000	.000	.954	3083.019	1.000
	Hotelling의 트레이스	20.553	1541.509	2.000	150.000	.000	.954	3083.019	1.000
	Roy의 최대 근	20.553	1541.509	2.000	150.000	.000	.954	3083.019	1.000
기업규모	Pillai의 트레이스	.006	.446	2.000	150.000	.641	.006	.891	.122
	Wilks의 람다	.994	.446	2.000	150.000	.641	.006	.891	.122
	Hotelling의 트레이스	.006	.446	2.000	150.000	.641	.006	.891	.122
	Roy의 최대 근	.006	.446	2.000	150.000	.641	.006	.891	.122
갈등유형	Pillai의 트레이스	.198	5.535	6.000	302.000	.000***	.099	33.212	.997
	Wilks의 람다	.804	5.765	6.000	300.000	.000***	.103	34.590	.998

효과		값	F	가설 자유도	오차 자유도	유의 확률	부분 에타 제곱	비중심모수	관측 검정력
갈등 유형	Hotelling의 트레이스	.241	5.992	6.000	298.000	.000***	.108	35.954	.998
	Roy의 최대 근	.230	11.578	3.000	151.000	.000***	.187	34.735	.999
기업 규모 * 갈등 유형	Pillai의 트레이스	.063	1.625	6.000	302.000	.140	.031	9.751	.620
	Wilks의 람다	.938	1.623	6.000	300.000	.140	.031	9.737	.619
	Hotelling의 트레이스	.065	1.620	6.000	298.000	.141	.032	9.722	.618
	Roy의 최대 근	.051	2.577	3.000	151.000	.056*	.049	7.730	.625

주) 1. *는 0.1수준에서, **는 0.05수준에서, ***는 0.01수준에서 유의함을 의미한다.
　　2. 분석모델은 Intercept＋기업규모＋갈등유형＋기업규모 * 갈등유형

가설Ⅲ의 가설Ⅲ-1-1과 가설Ⅲ-1-2는 <표 4-25>의 가설 Ⅲ의 개체－간 효과검정결과에 의하면 갈등유형이 조직몰입에 유의한 영향을 미칠 때 조직규모가 조절변수로 유의한 영향(0.1유의수준)을 미치나 직무만족은 유의하지 않는 것으로 나타났다. 이는 기업규모와 갈등유형의 상호작용이 조직몰입에 다르게 영향을 미치고 있다고 할 수 있다. 즉 갈등유형과 조직유효성의 관계에서 소식규보가 조절하고 있다는 점을 의미한다. 이의 조절효과에 대해서는 <그림 4-1>에서 설명한다.

<표 4-25> 가설Ⅲ의 개체 - 간 효과검정

소 스	종속변수	제Ⅲ유형 제곱 합	자유도	평균제곱	F	유의 확률	부분 에타 제곱	비중심 모수	관측 검정력
수정모형	직무만족	10.188	7	1.455	4.044	.000	.158	28.311	.983
	조직몰입	14.944	7	2.135	5.231	.000	.195	36.615	.997
절편	직무만족	854.651	1	854.651	2375.055	.000	.940	2375.055	1.000
	조직몰입	953.485	1	953.485	2336.255	.000	.939	2336.255	1.000
조직규모	직무만족	.224	1	.224	.622	.431	.004	.622	.123
	조직몰입	6.421E-04	1	6.421E-04	.002	.968	.000	.002	.050
갈등유형	직무만족	9.587	3	3.196	8.880	.000***	.150	26.641	.995
	조직몰입	10.982	3	3.661	8.970	.000***	.151	26.909	.995
조직규모 * 갈등유형	직무만족	.900	3	.300	.834	.477	.016	2.501	.228
	조직몰입	2.863	3	.954	2.450	0.06*	.044	7.351	.601
오 차	직무만족	54.337	151	.360					
	조직몰입	61.627	151	.408					
합 계	직무만족	1618.040	159						
	조직몰입	1762.840	159						
수정 합계	직무만족	64.524	158						
	조직몰입	76.571	158						

주) 1. *는 0.1 수준에서, **는 0.05 수준에서, ***는 0.01 수준에서 유의함을 나타낸다.
   2. 직무만족 =.158 (수정된 R 제곱 =.119)
   3. 조직몰입 =.195 (수정된 R 제곱 =.158)

<그림 4-1>에 의하면 갈등유형과 조직몰입의 관계에서 조직규모가 작용하는 조절효과를 확인할 수 있다.

<그림 4-1>에서 집단 2는 갈등유형으로 수평적 갈등이 낮고 수직적 갈등이 높은 집단으로 규모가 작은 조직에서 조직몰입이 높게 나타났다. 이는 조직규모가 작은 집단일수록 수평적 갈등이 낮은 집단이 조직몰입을 느끼는 정도가 더 높다고 말할 수 있겠다.

집단 3은 갈등유형으로 수평적 갈등이 높고 수직적 갈등이 낮은 집단으로서 규모가 큰 조직에서 조직몰입이 높게 나타났다. 조직규

모가 큰 집단에서는 수직적 갈등이 낮을수록 조직몰입을 느끼는 정도가 더 높다고 말할 수 있다.

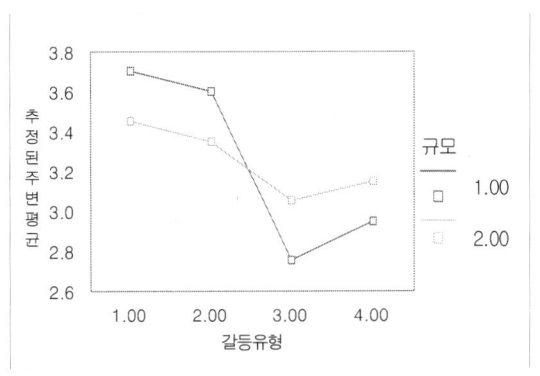

〈그림 4-1〉 조직몰입의 추정된 주변평균

그리고 다음에 서술되는 가설Ⅲ-2의 검정을 <표 4-25>에 의해 수행하여 보자.

가설Ⅲ-2   갈등유형은 조직유효성에 유의한 영향을 미칠 것이다.
가설Ⅲ-2-1 갈등유형은 직무만족에 유의한 영향을 미칠 것이다.
가설Ⅲ-2-2 갈등유형은 소식몰입에 유의한 영향을 미칠 것이다.

<표 4-25>의 개체-간 효과검정결과에 의하면 갈등유형과 조직유효성의 관계에서 유의확률이 각각 0.000(직무만족), 0.000(조직몰입)으로 0.05유의수준에서 영향을 미친다고 할 수 있다. 즉 갈등유형은 직무만족과 조직몰입에 유의한 영향을 미치고 있다고 할 수 있다. 그러므로 '갈등유형이 직무만족에 유의한 영향을 미칠 것이다.'라는 가설 Ⅲ-2-1과 '갈등유형이 조직몰입에 유의한 영향을 미칠 것이다.'라는 가설 Ⅲ-2-2는 채택된다. 이러한 사실은 <표 4-26>과 <표

4-27>의 사후검정에서도 그 결과를 확인할 수 있다.

  <표 4-26>과 <표 4-27>의 분석결과에 의하면, 가설Ⅲ의 가설Ⅲ-2
는 사후분석에서 다중비교를 보면 Tukey HSD, Scheffe, LSD방법 모
두가 수평적 갈등과 수직적 갈등 모두 낮은 집단이 직무만족 또는
조직몰입에 긍정적으로 영향을 미치고 있다는 것을 알 수 있다. 이
로써 가설Ⅲ의 가설Ⅲ-2-1과 가설Ⅲ-2-2는 채택되었다.

<표 4-26> 가설Ⅲ의 다중비교(직무만족)

종속 변수		(Ⅰ) 갈등유형	(J) 갈등유형	평균 차 (Ⅰ-J)	표준 오차	유의 확률	95% 신뢰구간	
							하한 값	상한 값
직무 만족	Tukey HSD	1.00	2.00	.3095	.1908	.366	-.1807	.7998
			3.00	.5829	.1563	.001**	.1814	.9843
			4.00	.4936	.1072	.000**	.2181	.7690
		2.00	1.00	-.3095	.1908	.366	-.7998	.1807
			3.00	.2733	.2190	.596	-.2894	.8361
			4.00	.1840	.1872	.759	-.2970	.6650
		3.00	1.00	-.5829	.1563	.001**	-.9843	-.1814
			2.00	-.2733	.2190	.596	-.8361	.2894
			4.00	-8.9296E-02	.1519	.936	-.4794	.3008
		4.00	1.00	-.4936	.1072	.000**	-.7690	-.2181
			2.00	-.1840	.1872	.759	-.6650	.2970
			3.00	8.930E-02	.1519	.936	-.3008	.4794
	Scheffe	1.00	2.00	.3095	.1908	.455	-.2300	.8490
			3.00	.5829	.1563	.004**	.1411	1.0247
			4.00	.4936	.1072	.000**	.1904	.7967
		2.00	1.00	-.3095	.1908	.455	-.8490	.2300
			3.00	.2733	.2190	.670	-.3460	.8926
			4.00	.1840	.1872	.809	-.3453	.7134
		3.00	1.00	-.5829	.1563	.004**	-1.0247	-.1411
			2.00	-.2733	.2190	.670	-.8926	.3460
			4.00	-8.9296E-02	.1519	.951	-.5186	.3400

종속 변수		(Ⅰ) 갈등유형	(J) 갈등유형	평균 차 (Ⅰ-J)	표준 오차	유의 확률	95% 신뢰구간	
							하한 값	상한 값
직무 만족	Scheffe	4.00	1.00	-.4936	.1072	**.000**^{**}	-.7967	-.1904
			2.00	-.1840	.1872	.809	-.7134	.3453
			3.00	8.930E-02	.1519	.951	-.3400	.5186
	LSD	1.00	2.00	.3095	.1908	.107	-6.7501E-02	.6865
			3.00	.5829	.1563	**.000**^{**}	.2741	.8916
			4.00	.4936	.1072	**.000**^{**}	.2817	.7054
		2.00	1.00	-.3095	.1908	.107	-.6865	6.750E-02
			3.00	.2733	.2190	.214	-.1594	.7061
			4.00	.1840	.1872	.327	-.1859	.5540
		3.00	1.00	-.5829	.1563	**.000**^{**}	-.8916	-.2741
			2.00	-.2733	.2190	.214	-.7061	.1594
			4.00	-8.9296E-02	.1519	.557	-.3893	.2107
		4.00	1.00	-.4936	.1072	**.000**^{**}	-.7054	-.2817
			2.00	-.1840	.1872	.327	-.5540	.1859
			3.00	8.930E-02	.1519	.557	-.2107	.3893

*는 0.05 수준에서, **는 0.01 수준에서 유의적임을 나타낸다.

〈표 4-26〉 가설Ⅲ의 다중비교(조직몰입)

종속 변수		(Ⅰ) 갈등유형	(J) 갈등유형	평균 차 (Ⅰ-J)	표준 오차	유의 확률	95% 신뢰구간	
							하한 값	상한 값
조직 몰입	Tukey HSD	1.00	2.00	.1095	.2032	.950	-.4126	.6316
			3.00	.7629	.1664	**.000**^{**}	.3353	1.1904
			4.00	.5196	.1142	**.000**^{**}	.2263	.8129
		2.00	1.00	-.1095	.2032	.950	-.6316	.4126
			3.00	.6533	.2333	**.026**[*]	5.405E-02	1.2526
			4.00	.4101	.1994	.168	-.1022	.9223
		3.00	1.00	-.7629	.1664	**.000**^{**}	-1.1904	-.3353
			2.00	-.6533	.2333	**.026**[*]	-1.2526	-5.4045E-02
			4.00	-.2432	.1617	.435	-.6587	.1722

종속 변수		(Ⅰ) 갈등유형	(J) 갈등유형	평균 차 (Ⅰ-J)	표준 오차	유의 확률	95% 신뢰구간	
							하한 값	상한 값
조직 몰입	Tukey HSD	4.00	1.00	-.5196	.1142	.000**	-.8129	-.2263
			2.00	-.4101	.1994	.168	-.9223	.1022
			3.00	.2432	.1617	.435	-.1722	.6587
	Scheffe	1.00	2.00	.1095	.2032	.962	-.4650	.6841
			3.00	.7629	.1664	.000**	.2924	1.2334
			4.00	.5196	.1142	.000**	.1968	.8424
		2.00	1.00	-.1095	.2032	.962	-.6841	.4650
			3.00	.6533	.2333	.053	-6.1971E-03	1.3129
			4.00	.4101	.1994	.242	-.1537	.9738
		3.00	1.00	-.7629	.1664	.000**	-1.2334	-.2924
			2.00	-.6533	.2333	.053	-1.3129	6.197E-03
			4.00	-.2432	.1617	.522	-.7005	.2140
		4.00	1.00	-.5196	.1142	.000**	-.8424	-.1968
			2.00	-.4101	.1994	.242	-.9738	.1537
			3.00	.2432	.1617	.522	-.2140	.7005
	LSD	1.00	2.00	.1095	.2032	.591	-.2920	.5110
			3.00	.7629	.1664	.000**	.4341	1.0917
			4.00	.5196	.1142	.000**	.2940	.7452
		2.00	1.00	-.1095	.2032	.591	-.5110	.2920
			3.00	.6533	.2333	.006**	.1924	1.1142
			4.00	.4101	.1994	.041*	1.613E-02	.8041
		3.00	1.00	-.7629	.1664	.000**	-1.0917	-.4341
			2.00	-.6533	.2333	.006**	-1.1142	-.1924
			4.00	-.2432	.1617	.135	-.5628	7.629E-02
		4.00	1.00	-.5196	.1142	.000**	-.7452	-.2940
			2.00	-.4101	.1994	.041*	-.8041	-1.6128E-02
			3.00	.2432	.1617	.135	-7.6294E-02	.5628

*는 0.05수준에서, **는 0.01수준에서 유의적임을 나타낸다.

그리고 다음에 서술되는 가설을 분석결과의 <표 4-25>에 의해 채택유무를 검정하여 보자.

가설Ⅲ-3   조직규모는 조직유효성에 유의한 영향을 미칠 것이다.
가설Ⅲ-3-1 조직규모는 직무만족에 유의한 영향을 미칠 것이다.
가설Ⅲ-3-2 조직규모는 조직몰입에 유의한 영향을 미칠 것이다.

가설Ⅲ-3은 <표 4-25>의 가설Ⅲ의 개체-간 효과검정결과에 의하면 관련된 변수의 유의확률이 각각 0.431과 0.968로 0.05수준보다 높으므로 모두 기각된다. 그러므로 조직규모가 조직유효성에 영향을 미치고 있지 않다고 할 수 있다.

4. 가설 Ⅳ의 검증

갈등유형과 조직유효성의 관계와 관련된 가설을 다음과 같이 세우고 검정하고자 한다.

가설Ⅳ. 갈등유형이 조직유효성에 유의한 영향을 미칠 때 기업가정신이 조절변수로 영향성을 미칠 것이다.

가설Ⅳ-1   갈등유형이 조직유효성에 유의한 영향을 미칠 때 기업가정신이 조절변수로 영향을 미칠 것이다.
가설Ⅳ-1-1 갈등유형이 직무만족에 유의한 영향을 미칠 때 기업가정신이 조절변수로 영향을 미칠 것이다.
가설Ⅳ-1-2 갈등유형이 조직몰입에 유의한 영향을 미칠 때 기업가정신이 조절변수로 영향을 미칠 것이다.

다변량 분산분석을 위한 조건을 검증하기 위해 분석한 결과인

<표 4-27>에 의하면 가설IV의 공분산행렬에 대한 박스검정에서 유
의확률이 0.167로 0.05유의수준보다 낮으므로 영가설이 채택된다. 이
는 다변량 분산분석을 위해 공분산행렬이 동등해야 한다는 기본조건
을 충족시키고 있다고 할 수 있다.

〈표 4-27〉 가설IV의 공분산행렬에 대한 Box의 동일성 검정

Box의 M	27.678
F	1.318
자유도1	18
자유도2	1019.241
유의확률	.167

주) 1. 여러 집단에서 종속변수의 관측공분산행렬이 동일한 영가설을 검정한다.
　　2. 분석모델: Intercept + 기업가정신 + 갈등유형 + 기업가정신*갈등유형

　　그다음 충족해야 할 다변량 분산분석의 기본조건은 종속변수들 간
의 유의적인 상관관계이다. 이러한 경우 Bartlett 구형성 검정으로 유
의한 결과를 얻어야 상호관계의 수준을 충족시킨다고 할 수 있다.
본 연구의 <표 4-28> 가설IV의 Bartlett의 구형성 검정에서 유의한
결과(유의확률 0.000<유의수준0.05)를 확인할 수 있다.

〈표 4-28〉 가설IV의 Bartlett의 구형성 검정

우도비	.000
근사 카이제곱	19.830
자유도	2
유의확률	.000

주) 1. 잔차 공분산행렬이 단위행렬에 비례하는 영가설을 검정한다.
　　2. 분석모델: Intercept + 기업가정신 + 갈등유형 + 기업가정신* 갈등유형

　　마지막으로 충족해야 할 다변량 분산분석의 기본조건은 다변량 분
산분석의 오차분산에 대한 동일성 검정은 종속변수의 분산이 집단

간에 동질적이어야 하며, 집단 간의 규모가 동일하지 않은 경우도 집단의 차이에 대한 통계적 검정이 민감도에 영향을 미치지 않으려 면 유의하지 않아야 한다(p >0.05).

<표 4-29>에 의하면 조직유효성변수인 직무만족과 조직몰입에 대 한 유의확률이 각각 0.955, 0.507로 유의수준 0.05보다 모두 높으므 로 오차분산이 동일하다는 영가설은 채택된다. 그러므로 다변량 분 산분석을 위한 기본조건이 충족된다고 할 수 있다.

〈표 4-29〉 가설Ⅳ의 오차분산의 동일성에 대한 Levene의 검정

	F	자유도1	자유도2	유의확률
직무만족	.294	7	88	.955
조직몰입	.904	7	88	.507

주) 1. 여러 집단에서 종속변수의 오차분산이 동일한 영가설을 검정한다.
2. 분석모델: Intercept + 기업가정신 + 갈등유형 + 기업가정신 * 갈등유형

다변량 분산분석을 위한 기본조건에 대한 검증이 확인되었으므로 가설Ⅳ의 검정을 위한 다변량 분산분석을 수행한 결과는 <표 4-30> 에 요약할 수 있다.

〈표 4-30〉 가설Ⅳ의 다변량 검정

효과		값	F	가설 자유도	오차 자유도	유의 확률	부분 에타 제곱	비중심 모수	관측검 정력
절편	Pillai의 트레이스	.957	971.766	2.000	87.000	.000	.957	1943.532	1.000
	Wilks의 람다	.043	971.766	2.000	87.000	.000	.957	1943.532	1.000
	Hotelling의 트레이스	22.339	971.766	2.000	87.000	.000	.957	1943.532	1.000
	Roy의 최대 근	22.339	971.766	2.000	87.000	.000	.957	1943.532	1.000
기업가 정신	Pillai의 트레이스	.227	12.776	2.000	87.000	.000	.227	25.551	.996
	Wilks의 람다	.773	12.776	2.000	87.000	.000	.227	25.551	.996

효과		값	F	가설 자유도	오차 자유도	유의 확률	부분 에타 제곱	비중심 모수	관측검 정력
기업가 정신	Hotelling의 트레이스	.294	12.776	2.000	87.000	**.000**	.227	25.551	.996
	Roy의 최대 근	.294	12.776	2.000	87.000	**.000**	.227	25.551	.996
갈 등 유 형	Pillai의 트레이스	.131	2.057	6.000	176.000	**.061**	.066	12.343	.734
	Wilks의 람다	.870	2.095	6.000	174.000	**.056**	.067	12.569	.743
	Hotelling의 트레이스	.149	2.131	6.000	172.000	**.052**	.069	12.788	.752
	Roy의 최대 근	.142	4.156	3.000	88.000	**.008**	.124	12.468	.838
기업가 정신 * 갈등 유형	Pillai의 트레이스	.102	1.584	6.000	176.000	.154	.051	9.507	.599
	Wilks의 람다	.899	1.587	6.000	174.000	.153	.052	9.523	.600
	Hotelling의 트레이스	.111	1.590	6.000	172.000	.153	.053	9.537	.601
	Roy의 최대 근	.094	2.767	3.000	88.000	.046	.086	8.301	.650

주) 1. *는 0.05수준에서, **는 0.01수준에서 유의함을 나타낸다.
   2. 분석모델: Intercept + 기업가정신 + 갈등유형 + 기업 * 갈등유형

이 <표 4-30>과 <표 4-31>의 결과에 의해 갈등유형과 조직유효성의 관계에서 기업가정신의 조절효과를 분석하면 기업가정신*갈등유형변수의 유의확률이 모두 0.05수준보다 낮으므로 가설IV-1-1과 가설IV-1-2는 기각된다. 그러므로 갈등유형이 조직유효성변수에 영향을 미치나 기업가정신의 조절효과는 없다고 할 수 있다.

이는 <표 4-31>의 개체-간 효과분석결과에 의해서도 명확하게 드러난다. 이 <표 4-31>에 의하면 기업가정신과 갈등유형은 각각 조직유효성변수에 영향을 미치는 결과가 나왔다.

〈표 4-31〉 가설IV의 개체-간 효과검정

소 스	종속변수	제III유형 제곱 합	자유 도	평균 제곱	F	유의 확률	부분에 타제곱	비중심 모수	관측 검정력
수 정 모 형	직무만족	21.882	7	3.126	9.422	.000	.428	65.951	1.000
	조직몰입	23.518	7	3.360	8.051	.000	.390	56.359	1.000
절 편	직무만족	511.819	1	511.819	1542.596	.000	.946	1542.596	1.000
	조직몰입	533.231	1	533.231	1277.845	.000	.936	1277.845	1.000
기업가 정 신	직무만족	8.568	1	8.568	25.824	.000***	.227	25.824	.999
	조직몰입	2.330	1	2.330	5.584	.020**	.060	5.584	.647
갈등유형	직무만족	1.987	3	.662	1.996	.120	.064	5.988	.498
	조직몰입	4.816	3	1.605	3.847	.012**	.116	11.542	.805
기업가정신 * 갈등유형	직무만족	.594	3	.198	.597	.619	.020	1.790	.169
	조직몰입	2.343	3	.781	1.872	.140	.060	5.615	.470
오 차	직무만족	29.198	88	.332					
	조직몰입	36.721	88	.417					
합 계	직무만족	1032.840	96						
	조직몰입	1104.360	96						
수정합계	직무만족	51.080	95						
	조직몰입	60.240	95						

주) 1. *는 0.1수준에서, **는 0.05수준에서, ***는 0.01수준에서 유의함을 나타낸다.
   2. 직무만족=.428 (수정된 R 제곱=.383)
   3. 조직몰입=.390 (수정된 R 제곱=.342)

다음으로 갈등유형과 조직유효성의 관계에 대한 가설을 검정하려고 하다.

가설IV-2   갈등유형은 조직유효성에 유의한 영향을 미칠 것이다.
가설IV-2-1 갈등유형은 직무만족에 유의한 영향을 미칠 것이다.
가설IV-2-2 갈등유형은 조직몰입에 유의한 영향을 미칠 것이다.

가설IV-2-1과 가설IV-2-2는 <표 4-31> 가설 IV의 개체-간 효과검정에서 직무만족에는 유의하지 않았으며, 조직몰입에는 유의한 영향을 미치고 있다. 이로써 가설IV-2-1은 기각되고, 가설IV-2-2는 채택되었다.

다음으로 기업가정신과 조직유효성의 관계에 대한 가설을 검정하려고 한다.

가설IV-3   기업가정신은 조직유효성에 유의한 영향을 미칠 것이다.
가설IV-3-1 기업가정신은 직무만족에 유의한 영향을 미칠 것이다.
가설IV-3-2 기업가정신은 조직몰입에 유의한 영향을 미칠 것이다.

가설IV의 가설IV-3-1과 가설IV-3-2는 <표 4-31> 가설IV의 개체-간 효과검정 에서 모두 유의한 결과를 보였다. 이로써 가설IV의 가설IV-3-1과 가설IV-3-2는 채택되었다.

제 4 절 종합분석

지금까지 분석한 가설검증결과를 종합하면 첫째, 가설 I, '갈등원인이 조직유효성에 유의한 영향을 미칠 때 조직규모가 조절변수로 영향성을 미칠 것이다.'는 세부가설 I-2-1 '갈등원인은 직무만족에 유의한 영향을 미칠 것이다.'와 I-2-2 '갈등원인은 조직몰입에 유의한 영향을 미칠 것이다.'만 채택되었을 뿐 나머지는 모두 기각되었다. 채택된 세부가설에 의하면 갈등의 원인인 상호의존성과 목표차이가 직무만족과 조직몰입에 영향을 미치고 있는 것으로 보인다. 구체적인 분석을 위해 행한 다중비교 사후분석결과에 의하면 갈등원인(상호의존성과 목표차이)이 낮은 집단과 갈등원인(상호의존성과 목표차이)이 높은 집단 간의 직무만족에 차이를 확인할 수 있었는데 이는 갈등원인(상호의존성과 목표차이)이 낮은 집단이 높은 집단에 비해서 조직유효성(직무만족과 조직몰입)에 긍정적으로 영향을 미치고 있는 것으로 나타났다.

둘째, 가설Ⅱ, '갈등원인이 조직유효성에 유의한 영향을 미칠 때 기업가정신이 조절변수로 영향성을 미칠 것이다.'는 가설은 세부가설 Ⅱ-2-2 '갈등원인은 조직몰입에 유의한 영향을 미칠 것이다.'와 Ⅱ-3-1 '기업가정신은 직무만족에 유의한 영향을 미칠 것이다.' 그리고 Ⅱ-3-2 '기업가정신은 조직몰입에 유의한 영향을 미칠 것이다.'만 채택되고 나머지는 기각되었다. 이는 갈등원인이 조직몰입에 유의한 영향을 미치지만 직무만족은 통계적으로 유의한 영향을 미치지 않고 있다. 가설Ⅱ의 사후검정에서도 세 방식 모두 갈등원인이 낮은 집단은 갈등원인이 높은 집단보다 조직몰입에 긍정적인 영향을 미치고 있다는 것을 확인하였다. 또 가설Ⅱ의 개체 간 효과검정에서도 조절변수인 기업가정신이 조직유효성변수인 직무만족과 조직몰입에 조절변수로서의 긍정적인 영향을 미치고 있다는 것을 확인힐 수 있다.

셋째, 가설Ⅲ, '갈등유형이 조직유효성에 유의한 영향을 미칠 때 조직규모가 조절변수로 영향성을 미칠 것이다.'는 가설은 부분 채택되었다. 세부적으로 가설 채택유무를 살펴보면 Ⅲ-1-2 '갈등유형이 조직몰입에 유의한 영향을 미칠 때 조직규모가 조절변수로 영향을 미칠 것이다.'와 Ⅲ-2-1 '갈등유형은 직무만족에 유의한 영향을 미칠 것이다.' 그리고 Ⅲ-2-2 '갈등유형은 조직몰입에 유의한 영향을 미칠 것이다.'는 채택되고 나머지는 기각되었다.

이는 가설Ⅲ의 개체 간 효과검정에서 갈등유형이 조직몰입에 유의

한 영향을 미칠 때 조직규모가 조절변수로 유의한 영향(0.1수준에서)
을 미치나 직무만족은 통계적으로 유의하지 않았다. 이는 기업규모
에 따라 갈등의 상호작용효과가 조직몰입에 다르게 나타난다고 말할
수 있다. 또 가설Ⅲ의 사후분석에서 다중비교를 보면 갈등유형(수평
적 갈등과 수직적 갈등)이 모두 낮은 집단이 조직유효성(직무만족
또는 조직몰입)에 긍정적으로 영향을 미치고 있다는 것을 알 수 있
다. 이를 세부적으로 보면 조직규모가 작은 조직에서는 수평적 갈등
이 낮은 집단에서 조직몰입을 느끼는 정도가 더 높고, 조직규모가
큰 조직에서는 수직적 갈등이 낮은 집단이 조직몰입을 느끼는 정도
가 더 높게 나타난다고 볼 수 있다.

넷째, 가설Ⅳ, '갈등유형이 조직유효성에 유의한 영향을 미칠 때
기업가정신이 조절변수로 영향성을 미칠 것이다.'는 가설은 Ⅳ-2-2
'갈등유형은 조직몰입에 유의한 영향을 미칠 것이다.'와 Ⅳ-3-1 '기업
가정신은 직무만족에 유의한 영향을 미칠 것이다.' 그리고 Ⅳ-3-2
'기업가정신은 조직몰입에 유의한 영향을 미칠 것이다.'는 채택되었
고 나머지는 기각되었다. 마지막으로 경영자특성(기업가정신)은 조
직유효성에 유의미한 영향을 미치고 있다.

특히 경영자의 임파워먼트 성향은 모든 조직유효성변수에 영향을
미치고 있어서 다른 경영자특성(기업가정신)보다 조직유효성을 높일
수 있는 중요한 변수임을 시사한다. 그러므로 기업의 경영자는 종업
원들에 대해 높은 신뢰감을 갖고 그들의 태도와 행동, 그리고 능력
에 실질적인 가치를 부여하며, 그들이 도전정신과 창의력을 바탕으
로 끊임없는 노력을 경주하며 성취감을 느낄 수 있도록 조직차원의
아낌없는 배려를 하여야 하겠다.

지금까지의 가설검증결과에 의해 조절효과가 있는 부분을 더욱 심
층적으로 분석한 결과를 정리하여 보자. 즉 갈등원인과 갈등유형을

각각 4개의 집단으로 나누어 분석하여 그 의미를 해석하여 보자.

첫째, 갈등원인에서 상호의존성이 낮고 목표차이가 낮은 집단을 1로, 상호의존성이 낮고 목표차이가 높은 집단을 2로, 상호의존성이 높고 목표차이가 낮은 집단을 3으로, 상호의존성이 높고 목표차이가 낮은 집단을 4로 정의하였으며, 둘째, 갈등유형에서 수평적 갈등이 낮고 수직적 갈등이 낮은 집단을 1로, 수평적 갈등이 낮고 수직적 갈등이 높은 집단을 2로, 수평적 갈등이 높고 수직적 갈등이 낮은 집단을 3으로, 수평적 갈등이 높고 수직적 갈등도 높은 집단을 4로 분류하여 이들 각각의 집단을 분석한 결과 다음과 같은 결론을 얻었다.

집단 2는 갈등유형으로서 수평적 갈등이 낮고 수직적 갈등이 높은 집단으로 규모가 작은 집단에서 조직몰입이 높게 나타났다. 이는 조직규모가 작은 집단일수록 수평적 갈등이 낮은 집단이 조직몰입을 느끼는 정도가 더 높다고 말할 수 있겠다. 또 집단 3도 갈등유형으로서 수평적 갈등이 높고 수직적 갈등이 낮은 집단으로 규모가 큰 조직에서 조직몰입이 높게 나타났다. 이는 조직규모가 큰 집단에서는 수직적 갈등이 낮을수록 조직몰입을 느끼는 정도가 더 높다고 말할 수 있겠다. 지금까지의 검증결과를 분석표로 종합해서 나타내면 <표 4-32>와 같다.

〈표 4-32〉 가설검증의 결과

가 설		가 설 내 용	유의성	채택 여부
가설 I	가설 I-1-1	갈등원인이 직무만족에 유의한 영향을 미칠 때 조직규모가 조절변수로 영향을 미칠 것이다.	0.664	기각
	가설 I-1-2	갈등원인이 조직몰입에 유의한 영향을 미칠 때 조직규모가 조절변수로 영향을 미칠 것이다.	0.522	기각
	가설 I-2-1	갈등원인은 직무만족에 유의한 영향을 미칠 것이다.	0.006	**채택**
	가설 I-2-2	갈등원인은 조직몰입에 유의한 영향을 미칠 것이다.	0.000	**채택**
	가설 I-3-1	조직규모는 직무만족에 유의한 영향을 미칠 것이다.	0.155	기각
	가설 I-3-2	조직규모는 조직몰입에 유의한 영향을 미칠 것이다.	0.653	기각
가설 II	가설 II-1-1	갈등원인이 직무만족에 유의한 영향을 미칠 때 기업가정신이 조절변수로 영향을 미칠 것이다.	0.321	기각
	가설 II-1-2	갈등원인이 조직몰입에 유의한 영향을 미칠 때 기업가정신이 조절변수로 영향을 미칠 것이다.	0.842	기각
	가설 II-2-1	갈등원인은 직무만족에 유의한 영향을 미칠 것이다.	0.820	기각
	가설 II-2-2	갈등원인은 조직몰입에 유의한 영향을 미칠 것이다.	0.029	**채택**
	가설 II-3-1	기업가정신은 직무만족에 유의한 영향을 미칠 것이다.	0.000	**채택**
	가설 II-3-2	기업가정신은 조직몰입에 유의한 영향을 미칠 것이다.	0.000	**채택**
가설 III	가설 III-1-1	갈등유형이 직무만족에 유의한 영향을 미칠 때 조직규모가 조절변수로 영향을 미칠 것이다.	0.477	기각
	가설 III-1-2	갈등유형이 조직몰입에 유의한 영향을 미칠 때 조직규모가 조절변수로 영향을 미칠 것이다.	0.66	**채택**
	가설 III-2-1	갈등유형은 직무만족에 유의한 영향을 미칠 것이다.	0.000	**채택**
	가설 III-2-2	갈등유형은 조직몰입에 유의한 영향을 미칠 것이다.	0.000	**채택**
	가설 III-3-1	조직규모는 직무만족에 유의한 영향을 미칠 것이다.	0.431	기각
	가설 III-3-2	조직규모는 조직몰입에 유의한 영향을 미칠 것이다.	0.968	기각
가설 IV	가설 IV-1-1	갈등유형이 직무만족에 유의한 영향을 미칠 때 기업가정신이 조절변수로 영향을 미칠 것이다.	0.619	기각
	가설 IV-1-1	갈등유형이 직무만족에 유의한 영향을 미칠 때 기업가정신이 조절변수로 영향을 미칠 것이다.	0.619	기각
	가설 IV-2-1	갈등유형은 직무만족에 유의한 영향을 미칠 것이다.	0.120	기각
	가설 IV-2-2	갈등유형은 조직몰입에 유의한 영향을 미칠 것이다.	0.012	**채택**
	가설 IV-3-1	기업가정신은 직무만족에 유의한 영향을 미칠 것이다.	0.000	**채택**
	가설 IV-3-2	기업가정신은 조직몰입에 유의한 영향을 미칠 것이다.	0.000	**채택**

제 5 장
결 론

제1절 연구결과의 요약 및 시사점

1. 연구결과의 요약

본 연구는 조직 내 집단갈등의 원인과 유형이 조직유효성에 미치는 관계를 연구하는 데 있다. 이 관계를 기존의 연구를 기초로 가설을 설정하여 검증하였다. 가설은 전반적으로 채택과 기각이 비슷하게 나타났으나 여러 가지 시사점을 얻을 수 있었다. 여기서는 이 가설들의 채택 유무에 따라 연구의 성과를 검토하고 해석하고자 한다.

연구의 대상이 되는 표본은 서울, 경기, 인천 등 수도권지역 기업체 임직원을 대상으로 총 600부의 설문지를 배포하여 407부를 통계처리에 사용하였다.

본 연구를 위해 사용된 통계기법은 다변량 분산분석(MANOVA)을

통하여 가설을 검증하였다. 갈등원인의 상호의존성과 목표차이, 갈등
유형에는 수평적 갈등과 수직적 갈등을 각각 두개의 집단으로 나누
어서 다변량 분산분석에 이용하였다. 두 개의 집단으로 나눈 방법으
로는 집단의 평균에서 0.5σ씩 삭제한 후 상호의존성과 목표차이, 그
리고 수평적 갈등과 수직적 갈등이 높고, 낮은 집단으로 분류하였다.
조절변수로 사용된 기업가정신 또한 같은 방법으로 구분하였으며,
통계분석은 SPSSWIN 11.0을 이용하였다.

그 결과는 다음과 같다.

첫째, 가설 I '갈등원인이 조직유효성에 유의한 영향을 미칠 때
조직규모가 조절변수로 영향성을 미칠 것이다'는 세부가설 I-2-1과
I-2-2만 채택되었을 뿐 나머지는 모두 기각되었다. 이의 결과에 의
하면 갈등의 원인인 상호의존성과 목표차이가 조직유효성변수인 직
무만족과 조직몰입에 유의미한 차이를 보인다고 말할 수 있다. 즉
갈등원인(상호의존성, 목표차이)이 낮은 집단과 갈등원인(상호의존성,
목표차이)이 높은 집단 간의 직무만족에 차이를 확인할 수 있었는데
이는 갈등원인(상호의존성, 목표차이)이 낮은 집단이 높은 집단에 비
해서 조직유효성(직무만족, 조직몰입)에 긍정적으로 영향을 미치고
있는 것으로 나타났다. 결국 갈등의 요소가 낮다면 조직유효성(직무
만족, 조직몰입)에 긍정적인 영향을 미친다는 사실을 알 수 있다.

이는 갈등원인을 최소화하고 상황에 따라 이를 잘 관리해야 한다
는 점을 시사하고 있다. 즉 상대 부서의 갈등원인을 줄이기 위한 회
사차원의 조직적 노력이 필요하다는 점을 의미한다.

둘째, 가설 II '갈등원인이 조직유효성에 유의한 영향을 미칠 때
기업가정신이 조절변수로 영향성을 미칠 것이다.'는 세부가설 II-2-2
와 II-3-1 그리고 II-3-2는 채택되고 나머지는 기각되었다. 이 가설에
서도 갈등원인이 낮은 집단이 높은 집단보다 조직몰입에 긍정적인
영향을 미치고 있는 것으로 나타났으며, 조절변수인 기업가정신이

조직유효성(직무만족, 조직몰입)에 조절변수로서의 긍정적인 영향을 미치고 있는 것을 확인할 수 있었다. 이 결과로 볼 때 갈등원인이 조직유효성에 유의한 영향을 미칠 때 경영자의 역할이 매우 중요하다고 볼 수 있다.

셋째, 가설Ⅲ, '갈등유형이 조직유효성에 유의한 영향을 미칠 때 조직규모가 조절변수로 영향성을 미칠 것이다.'에서는 Ⅲ-1-2와 Ⅲ-2-1과 Ⅲ-2-2는 채택되고 나머지는 기각되었다. 여기서는 수평적 갈등과 수직적 갈등이 모두 낮은 집단이 조직유효성(직무만족, 조직 몰입)에 긍정적인 영향을 미치고 있는 것으로 나타났다. 세부적으로 검토하면 조직규모가 작고 수평적 갈등이 낮은 집단에서 조직몰입을 느끼는 정도가 더 높고, 조직규모가 크고 수직적 갈등이 낮은 집단이 조직몰입을 느끼는 정도가 더 높게 나타난다고 볼 수 있다.

그러므로 효과적인 갈등관리를 위해서는 수직적 갈등과 수평적 갈등을 줄 일수 있도록 수직, 수평계층 간의 적극적인 커뮤니케이션이 중요할 것으로 사료된다.

넷째, 가설Ⅳ, '갈등유형이 조직유효성에 유의한 영향을 미칠 때 기업가정신이 조절변수로 영향성을 미칠 것이다.'에서는 Ⅳ-2-2와 Ⅳ-3-1 그리고 Ⅳ-3-2만 채택되었고 나머지는 기각되었다.

경영자특성(기업가정신)은 조식유효성에 유의미한 영향을 미치고 있다고 할 수 있다. 특히 경영자의 임파워먼트 성향은 모든 조직유효성변수에 영향을 미치고 있으므로, 이것은 나머지 다른 경영자특성보다 조직유효성을 높일 수 있는 중요한 변수임을 시사한다고 할 수 있다.

따라서 본 연구에서는 유의한 결과를 볼 수 있었는데 규모가 작은 조직에서는 수평적 갈등이 낮은 집단에서 조직몰입을 느끼는 정도가 더 높게 나타났으며, 규모가 큰 조직에서는 수직적 갈등이 낮은 집단에서 조직몰입을 느끼는 정도가 더 높게 나타난다는 사실을 발견할 수 있었다.

이는 조직규모에 따라 갈등의 유형이 조직몰입에 유의미한 영향을 미친다는 것으로 기업의 경영자는 효과적인 갈등관리에 심혈을 기울이며 조직규모에 따른 커뮤니케이션 방법을 연구하여 조직구성원들을 교육시키고, 열린 분위기가 되도록 제도를 개편하며, 벽이 없는 조직, 통풍이 잘되는 회사를 만들어 나가도록 힘써야 할 것이다.

2. 시사점

본 연구결과 여러 가지 시사점을 찾아볼 수 있었는데 이는 다음과 같다.

가설Ⅰ에 의하면, 갈등원인을 최소화하고 갈등상황에 따라 이를 잘 관리해야 한다는 점을 시사하고 있다. 즉 갈등원인이 낮은 집단이 높은 집단에 비해서 조직유효성(직무만족, 조직몰입)에 긍정적으로 영향을 미치므로 상대 부서의 갈등원인을 줄이기 위한 회사차원의 조직적 노력이 필요하다는 점을 의미한다.

가설Ⅱ에 의하면, 갈등원인이 조직유효성변수인 직무만족과 조직몰입에 유의한 영향을 미칠 때 경영자의 역할이 조절변수로서 긍정적인 영향을 미치고 있는 것을 볼 수 있다. 이는 집단갈등을 관리하는 데 있어서 경영자의 적극적인 노력이 필요함을 시사한다.

가설Ⅲ에 의하면, 조직규모가 작고 수평적 갈등이 낮은 집단에서 조직몰입을 느끼는 정도가 더 높게 나타났으며, 조직규모가 크고 수직적 갈등이 낮은 집단이 조직몰입을 느끼는 정도가 더 높게 나타났다. 이는 효과적인 갈등관리를 위해서는 수직적 갈등과 수평적 갈등을 줄일 수 있도록 수직, 수평 계층 간의 적극적인 커뮤니케이션이 중요할 것으로 보인다.

가설IV에 의하면, 경영자특성이 조직유효성에 유의미한 영향을 미치고 있다. 특히 경영자의 임파워먼트 성향은 모든 조직유효성변수에 영향을 미치고 있으므로, 이것은 다른 경영자특성보다 조직유효성을 높일 수 있는 중요한 변수임을 시사한다고 볼 수 있다.

제 2 절 연구의 한계 및 향후과제

본 연구는 조직행위론적 관점에서 볼 때 조직유효성에 가장 중요한 영향요인 중의 하나로 지적되고 있는 조직 갈등의 원인과 유형을 이론적, 실증적으로 연구하여 우리나라 기업조직에 적용할 수 있는 효율적인 관리방안을 모색하고자 하였다.

본 연구의 한계로는 표본선정에 있어서 임의표본방법에 의존하였다는 점이다. 그리고 실증분석이 조사대상자의 인지에 의해 얻은 응답결과에 의존하였다는 점에서 결과의 해석에 한계를 가진다. 마지막으로 기존의 집단갈등 관련연구들에서 자주 활용되어 왔던 변수들에 대하여 고려하지 못했다는 섬이다.

본 연구의 향후과제로는 위에서 언급한 각종 한계성들을 보완하고 새로운 연구기법들을 활용하여 연구한 결과를 기업이 실무에 적용하고, 갈등을 연구하는 학자들에게 학술적으로 기여함으로써 그 기대효과를 높일 수 있을 것으로 사료된다.

참고문헌

[국내문헌]

1 고종식(1994), "근로자의 갈등관리와 조직의 유효성에 관한연구", 원광대학교 대학원 박사학위논문.
2 박부수(1987), "조직 갈등의 원인과 관리방안에 관한 실증적 연구", 중앙대학교 박사학위논문.
3 박연호(2000), 「조직 행정론」(서울: 박영사).
4 박영배, 「조직행위론」법문사, 2001.
5 신유근(1985), 「조직행위론」, 다산출판사.
6 오석홍(1982), 「조직이론」, 박영사.
7 장옥상(1995), "근대문화가 조직몰입에 미치는 영향: 조직유형별 비교분석을 중심으로", 고려대학교 대학원 박사학위논문.
8 장해익(2000), "관리자의 인지된 리더십 형태가 구성원의 동기유빌과 직무태도에 미치는 영향에 관한 연구: 단위기관 분위기와 학습조직역량의 조절 효과를 중심으로.", 경희대학교 대학원 박사학위논문.
9 정효현(2001), "갈등관리전략에 관한 연구", 고려대학교 대학원 박사학위논문.
10 조형래(1995), "창업자의 특성, 제품혁신성과 벤처기업 성과 간의 상황적 관계", 한국과학기술원 박사학위논문.
11 채서일(1993), 「사회과학 조사방법론」, 학현사.
12 최해진(1990), "한국 기업의 종업원 갈등에 관한 실증적 연구", 부산대학교 대학원 박사학위논문.
13 추 헌(1994), 「조직행동론」, 형설.

[외국문헌]

1 Alan Filley(1975), *Interpersonal Conflict Resolution*, Dallas, Scott. *Foresman and Company*.

2 Amitai Etzioni(1964), *Modern Organization*(Englewood Cliffs, N. J.: Prentice-Hall).

3 Andrew J, Dubrin(1978), *Human Relations*; A Job Oriented Approach, Reston Virginia, Prentice-Hall co.

4 Andrew. D. Szilagyi, Jr. and Marc J. Wallace, J(1983),*Organizational Foresman a Company*.

5 Anthony W. P.(1978), *Participative Management*, Addison-Wesley Publishing Company.

6 Argyris C.(1962); *Interpersonal Competence and Organizational Effectiveness*, Homewood, 1 Ⅱ., Irwin-Dorsey.

7 Beatty R. W. & Schnier C. E.(1981), *"Personnel Administration: An Experimental / Skill-Bulding Approach, 2nd ed"*, Addison-Wesley Publishing Company.

8 Berelson. B. and Steiner G. A. (1964), *Human Behavior: An Inventory of Scientific Findings*, Harcout, Brace & World.

9 Blake Robert R., Shepard Herbert A. and Mouton Jane S. (1964), *Managing Intergroup Conflict in Industry*(Houston, Taxas: Gult publishing co.,).

10 Brass D. J.(1985), *"Man's and Women's network; A Study of Informal interaction Patterns and Influence in an Organization"*, Academy of Management Journal.

11 Brown L. D.(1986), Managing conflict of Organizational Interfaces, Addison-Wesley.

12 Brown W. B. and Moberg D. J.(1980), *Organization Theory and Management*, New York, Wiley.

13 Canpbell J. P.(1976); *Contributions Research Can Make in Understanding Organizational Effectiveness*, in Spray(ed.) S. L. Organizational Effectiveness, Kent, oh. Kent. State Univ. press.

14 Caplow T.(1964); *Principles of Organization*, New York, Harcount, Brace & World.

15 Charles R. Milton(1988), *Human Behavior in Organization*: Three Level of Behavior, Englewood Cliffs, N. H, Prentice-Hall Inc.

16 Chile John (1974); *Managerial and Organizational Factors Associated with Company Performance-part Ⅰ, Journal of Management Studies*, October.

17 Cohen M. and Collins J. N.(1976); *Some Correlates of Organizational Effective-ness, in Readings in Organizations*: Behavior, Structure, Processes, Rev. ed., Gibson J. L. Ivancevich J. M. and Donnelly Jr. J. H. Dallas, Business Publications.

18 Comrey A. L, Pfiffner J. A. and Beem H. P.(1952); *Factors Influencing Organiza-tional Effectiveness, Personnel Psychology,* Winter.

19 Connolly T. Conlon E, J. and Deutsch S. J.(1980); *Organizational Effectiveness*: A Multiple-Contingency Approach, Academy of Management Review, vol.5.

20 Coser L. A.(1978), *Masters of Sociological Thoughts.*

21 Cunningham J. B.(1977), *"Approach to Evaluation of Organizational Effectiveness"*, Academy of Management Review, Vol.2, No.3.

22 Dahrendorf R.(1959), *Class and Class Conflict in Industrial Society*, Standard, Calif. Stanford Univ. press.

23 Daniel Katz and Robert L. Kahn(1966), *The Social Psychology of Organizations,* New York, John Wiley & Sons Inc.

24 Daniel Robey(1982), Designing Organizations: *A Macro Perspec-tive*, (Homewood, Ill: Richard D.)

25 Deturck M. A.& Miller G. R.(1986), *"The Effect of Birth Order on the Persuasive Impact of Messages and the Liklihood of Persuasive Messages Selection"*, quoted in Mainiero Lisa A. Administrative Science Quarterly, 31.

26 Drucke D. F.(1954)r: *The Practice of Management,* Harper & Row, New York.

27 Dutton J. M. and Walton R. E.(1965), *"Interdepartmental Conflict and Coopera-tion: Two Contrastiong Studies"*, Human Organization.

28 Etzioni A.(1960); *Two Approaches to Organizational Analysis*: A Critique and Suggestion, Administrative Science Quarterly, September.

29 Evan W.(1965), *"Superior-Subordinate Conflictin ResearchOrganizations"* Admini-strative Science Quarterly, 10.

30 Falbo Toni(1977), *"Multidimensional Scaling of Power Strategies"*, Journal of Person-ality and Social Psychology, vol.35.

31 Feff Harris O.(1976), *Managing People at Work,* New York. John Willey & Sons, Inc.,

32 Fink S. L.(1992), *High Commitment Workplaces,*(Westport, Com.: Quorum Books).

33 Friender F. and Pickle H. P.(1968); *Components of Organizational Effectiveness,*

Administrative Science Quarterly, September.

34 Georgopolous B. S. and Tnannenbaum A. S. (1957); *A Study of Organizational Effectiveness American Sociological Review*, October, pp.534-540. Mason Haire (1959); *Biological Models and Empirical Histories of the Growth of Organization, in ason Haire ed. Mordern Organization Theory*, John Wiely & Sons.

35 Gibson, J. L. Ivancevich John M. and Donnelly, Jr. James H.(1982), *Organizations: Behavior, Structure, Processes.* 4th ed, Plano Texas: Business Publications, Inc.

36 Haberstroh C. J.; *Organization Design and Systems Analysis,* form James G. March; Handbook of Organization, 1965. by rand Mcnaliy Publishing Company, Chicago.

37 Helen La Van and Banner D. K.(1985),: *The Perception of Rol Conflict, Role Ambiguity and Organizational Commitment:* "Differences Between Sexes", International Journal of Manpower(U. K.), vol.No.5.

38 Henning M. & Jardim A.(1977), *The Managerial Woman*, New York, Pocket Books, quoted in Mainiero Lisa A.(1986), Administrative Science Quarterly, 31.

39 Hersey P. and Blanchard K. H.(1977), *Management of Organizational Behavior Utilizion Human Resources*, 3rd. ed.(Englewood Cliffs. N. J.: prentice-Hall, Inc.,).

40 Hersey Paul and Kenneth H. Blanchard(1977), *Management Organizational Behavior*, 3rd ed., New Jersey, Prentice-Hall.

41 Hicks H. G. and Gullett C. R.(1976); *The Management of Organizations*, 3rd ed., New York McGraw Hill.

42 Hoppock R.(1935), *Job Satisfaction*, N. Y. John Wiley & Sons.

43 Hughes E. C.(1958), *Men and Their Work*, quoted in Jones G. R.(1986), "*Socialization Tactics, Self-efficacy and Newcomers Adjustments to Organizations*", Academy of Management Journal, vol.29. No.2.

44 John M. Ivancevich & Michael T. Matteson, 1987, Organizational Behavior and Management, Business, publication Inc.,

45 Johnson P.(1976), "Women and Power: *Toward a Theory of Effectiveness*", Journal of Social Issues, vol.32, No.3.

46 K. W. Thomas and W. H. Schmidt(1976) "*A Survay of Managerial Interest Journal.*" pp. 315-318

47 Kahn R. L.(1964), "*Field Studies of Power in Organizations*", in Kahn R. L.

and Boulding(eds.) E. *Power and Conflict in Organizations*(New York : Basic,)

48 Kanter R. M.(1977), *Men and Women of the Corporation,* New York, Basic Books, Inc., Publishers.

49 Kenneth Thomas and Warren Schmidt(1976), *"A Survey of Managerial Interests with Respect to Conflict"*, Academy of Management Journal.

50 Kstz D. K and Kahn R. L.(1966); *The Social Psychology of Organizations*, New York, John Wiley & Sons.

51 Lawless D. J.(1972); *Effective Management: Social psychological Approach,* Englewood Cliffs, New Jersey, Prentice Hall, Inc.,

52 Likert R.(1958), *"Measuring Organizational Performance"*, Harvard Business Review, Mar-Apr.

53 Likert R(1967); *The Human Organization*: Its Management and Value, New York, Mcgraw Hill.

54 Locker, E. A.(1976) "The Nature and Causes of job Satisfaction", *Handbook of Industrial and Organizational Psychology*, ed. Marvin D. Dunnett,. Chicago; Rand McNally, 1309.

55 Mahoney T. A.(1967); *Managemental Perceptions of Organizational Effectiveness, Management Science,* October.

56 March J. G and Simon H. A.(1958), *Organizations*(New York : John Wiley and Sons), p.121: Garry Dessler(1980) *Organization Theory: Integrating Structure and Behavior*(Prentice-Hall Inc.,).

57 McCormick E. J.& Tiflin J.(1974), *"Industrial Psychology, 6th ed"*, (EngleWood Cliffs, N. J.: Prentice-Hall).

58 McGregor D.(1960), *The Human Side of Enterprise*, Tokyo, McGraw-Hill Kogakusha, Ltd.,

59 Mechanic D.(1962), *"Sources of Power for Lower Participants in Complex Organization"*, Administrative Science Quarterly, 7.

60 Melville Dalton(1950), *"Conflicts between Staff and Line Managerial Officers"*, American Sociological Review.

61 Mott P. E(1972); *The Characteristics of Effective Organizations*, New York, Harper & Row. Hersey Paul and Blanchaed K. H., Management of Organizational Behavior:

Utilizing Human Resources(Englewood Cliffs, New Jersey: prentice-Hall), 1977.

62 Hersey Paul and Kenneth H. Blanchard(1977), *Management Organizational Behavior*, 3rd ed., New Jersey, Prentice-Hall.

63 Pennings J. M. and Goodman P. S. (1977); *Toward a Workable Franework*, in Goodman P. S. & Pennings(eds.)J. M. New Perpectives on Organizational Effectiveness, San Francisco, Jo ssey Bass.

64 Pennings J. M.; *The Relevance of the Structural-Contingency Model for Organizational Effectiveness*, Administrative Science Quarterly, vol.20.

65 Perrow C.(1970), *"Departmental Power and Perspectives in Industrial Firm"*, edited by Mayer N. Jald, Power in Organization(Nashville, Tennesee, Vanderbilt University).

66 Pfeffer J. & Salancik R.(1978), *The External Control of Organizations,* N. Y. Haper & Row.

67 Porter L. W. Steers R. M, Mowday R. T. & p. V. Boulian(1974), *"Organizational Commitment, Job Satisfaction and Turnover among Psychiatric Technician"*, Journal of Applied Psychology, vol.59.

68 Price J. L.(1968); *Organizational Effectiveness, An Inventory of Propositions*, Irwin.

69 Price, J. L. & Mueller, C. W.(1986), *Handbook of Organizational Measurement,* (Marsh field, Mass.: Pitman)

70 Reichers A. E.(1985), *"A Review and Resconceptualization of Organization commitment"*, Academy of Management Review, vol.10, No.3.

71 Reits H. J.(1981) *Behavior in Organization,* 2nd, Home Wood, Ⅲ: Irwin Richard D. Inc.,

72 Renwick P. A.(1975), *"Perception and Management of Superior-Subordinate Conflict"*, Organizational Behavior and Human Performance 13.

73 Richard E. Waltton and John M. Dutton(1959), *"The Management of Interdepartmental Conflict: A model and Review"*, Administrative Science Quality, vol.14, No.1.

74 Robbins S.(1980), *"Conflict Management and Conflict Resolution are not Synonymous Terms"* California Management Review.

75 Schein E. H.(1970), *Organization Psychology*, 2nd ed., Englewood Cliffs, N. J. Prentice-Hall.

76 Schein V. E.(1978), *"Sex, Role Stereotyping, Ability and Performance: Prior Research*

and New Directions", Personnel Psychology, 31.

77 Seachore S. E. & Yuchtman E.(1967), "Factorial Analysis of Organizational Perfor-
    mance", Administrative Science Quarterly, vol.32, No.11.

78 Schmidt, Stuart M.(1972) and Thomas A. Kochan, conflict: Toward conceptual
    Clarity. Administrative Science Quarterly.

79 Smith H. C.(1955), Psychology of Industrial Behavior, N. Y. McGraw-Hill Book co. Inc.,

80 Smith N. R. and Miner, J. B., "Type of entreperneur, type of Firm, and managerial
    motivation: Implications for organizational life cycle theory", Strategic Management
    Journal, vol.4, pp.425-430

81 Starbuck W. H.(1965); Organizational Growth and Development, in March James
    G. ed., Handbook of Organizations, Rand McNally Chicago.

82 Steers R. S. and Porter L. W.(1974): The Role of Task Goal Aitrbutes in Employee
    Performance, Psychological Bullutin.

83 Steers R. M.(1977), "Antecedents and Outcomes of Organizational Commitment
    Administrative Science Quarterly", vol.22. p.46.

84 Steers R. S; Problems in the Measurement of Organizational Effectiveness, Admi-
    nistrative Science Quarterly, 1. 20.

85 Stephen P. Robbins(1983), Organization Theory: The Structure and Design of Orga-
    nization(Englewood Cliffs, N. J: Prentice-Hall, Inc,).

86 Stephen P. Robbins(1983), Organizational Behavior, 2nd ed(Englewood Cliffs, N.
    J: Prentice-Hall, Inc,).

87 Stewart Lea P.(1982), "Differential Factors Influencing the Hierarchical Level and
    Number of Promotions of Males and Females within an Organization." Academy of
    Management Journal, vol.25. No.3. 88 Thomas, K. W. Conflict and Conflict Man-
    agement, in Handbook of Industrial and Organizational Psychology ed. M. D.
    Dunnette, Skokie, Ill.: Rand McNally, 1976.

89 Thomson J. D.(1967), Organizations in Action, New York, McGraw-Hill Book co..

90 Tjosvold D.(1985), "Power and Social Context in Superior-Subordinate Interac-
    tion", Organizational Behavior and Human Decesion Process, 35.

91 Tsui A. S. and Gutek B.(1984), "A Role Set Analysis of Gender Differences in
    Performance, Affective Relationship and Career Success of Industrial Middle Man-

ager", Academy of Management Journal, 27.

92 Webb R. J.(1974), *Organizational Effectiveness and the Voluntary Organization Academy of Management Journal,* December.

93 Weitzel W. Mahoney T. A. and Crandall N. F.(1971); *A Supervisory View of Unit Effectiveness, California Management* Review Summer. 94 Wieland G. F. and Hibrich R. A.(1976); *Organizations Behavior, Design, and Change, Homewood.* 1 Ⅱ, Richard E. Irwin.

95 William D. Guth and Renato Tagiuri(1965), *"Personal Values and Corporate Strategy",* Harvard Bussiness Review, vol.43, No.5. 96 Yuchtman E. and Seashore S. E.(1987); *A System Approch to Organizational Effectiveness,* American Sociological Review, December.

김성수 (金成洙)

◆ 학 력
아주대학교 대학원 경영학석사(생산관리 전공)
호서대학교 대학원 경영학박사(인사조직 전공)

◆ 경 력
한국경영학회 정회원
대한경영학회 정회원
한국인사조직학회 정회원
한국생산관리학회 정회원
한국인사관리학회 정회원
중소기업진흥공단 ISO전문위원
중소기업청 기술지도위원(경영혁신)
호서대학교 경상학부 초빙교수
글로벌경영경제연구원장

◆ 연구논문
「제조기업의 품질비용 분석 및 개선방안 연구」
「팀 조직에서의 상하 간 갈등해소행동에 관한 실증적 연구」
「팀 조직에서의 상하 간 지위부조화에 의한 갈등해소 행동에 관한 실증적 연구」
「조직 내 갈등이 조직성과에 미치는 영향에 관한 연구」
「조직 내 집단갈등이 조직유효성에 미치는 영향에 관한 실증적 연구 외 다수」

글로벌경영시대의 **갈등관리전략**

• 초 판 인 쇄	2007년 6월 10일
• 초 판 발 행	2007년 6월 10일
• 지 은 이	김성수
• 펴 낸 이	채종준
• 펴 낸 곳	한국학술정보㈜
	경기도 파주시 교하읍 문발리 526-2
	파주출판문화정보산업단지
	전화 031) 908-3181(대표) · 팩스 031) 908-3189
	홈페이지 http://www.kstudy.com
	e-mail(출판사업팀사업부) publish@kstudy.com
• 등 록	제일산-115호(2000. 6. 19)
• 가 격	10,000원

ISBN   978-89-534-6859-7 93320 (Paper Book)
       978-89-534-6860-3 98320 (e-Book)